Rivoluzione per la nuova Evoluzione

D1641556

Oggi è un buon giorno per morire

"Dal momento che la morte non esiste".
Questa frase abitualmente assume un
significato di liberazione dalle proprie
sofferenze e dal senso di impotenza. Ma la
morte è appunto un'illusione, la coscienza
rivive in noi e si ricomincia da zero nell'infinito
loop del ciclo della vita. È evidente che l'uomo
non impari dai propri errori, anzi aumenta
sempre più la propria presunzione di sapere,
rendendo ogni giorno la mente un po' più
corrotta e un po' più distante da cuore e spirito.

L'essere umano non ha intenzione di trovare
tale spirito, essendo troppo abituato a vivere la
finta felicità in un mondo fatto di illusioni e di
attaccamenti, arrivando addirittura ad adattarsi
nel provare piacere all'interno dell'inferno e
nascondere la verità dietro la maschera, in cui
la società identifica ogni individuo. Ognuno di
noi vive in una propria prigione mentale,
comoda, ma scelta da altri. Non vi è nessuna
chiave per questa prigione, le sbarre sono

sempre aperte. Ma se si sceglie di abbandonare la nostra *comfort zone*, enormi responsabilità saranno lì ad attenderci accompagnate da mille scelte, sul quale sarà difficile poi, prendere una decisione. Dunque, la domanda è una sola: Chi avrebbe voglia di sacrificare la sicurezza del nostro guscio interiore e il consenso della società, per affrontare l'ignoto?

Da una parte c'è chi decide di scegliere la verità, mentre dall'altra, c'è chi accetta compromessi in un mondo guidato da egoisti malvagi: chi deve morire fra le due? Purtroppo, triste ma vero, non risulta essere così scontato che la verità sia più forte della menzogna, anzi il mondo è da sempre dominato dagli inganni e dagli abusi di potere. Tutto è determinato da una sorta di legge della giungla: il vincitore è il più forte e l'amore e la giustizia non hanno alcun valore senza spirito di verità, puro e incorruttibile.

Benvenuto quindi nel passaggio che conduce alla nuova evoluzione. Questo libro rappresenta l'inizio del quarto livello di un percorso estremamente profondo iniziato tredici anni fa, dove il testo va letto e riletto più volte in modo intuitivo per assimilare le idee e non permettere alle parole di appesantirle troppo, facendole diventare pensieri incomprensibili. Apparentemente può sembrare strano che un percorso così profondo abbia un riscontro praticamente nullo nel mondo, eppure esso ambisce addirittura a cambiare il destino dell'esistenza come nessuno è mai riuscito a realizzare finora. Alla base del fallimento dell'umanità c'è una verità indiscutibile: l'uomo non riuscirà mai a cambiare. Dopotutto se lo avesse voluto l'avrebbe già fatto, proprio perché convincere le persone a modificare il loro carattere, si presenta come un'impresa piuttosto impossibile, se quest'ultime non lo vogliono davvero.

È inutile, di conseguenza, cercare di ricevere consensi da individui, che in un modo o nell'altro si adattano a questo mondo pieno di menzogne, illusioni e che per quanto essi possano sembrare adeguati, logici e accettabili all'interno di una realtà difficile come la nostra, nel lungo periodo si riveleranno una scelta profondamente sbagliata, poiché la libertà autentica non può essere vincolata da nessun compromesso. In assenza di libertà andremo inevitabilmente incontro al proprio giorno disperato, cercando nella morte il nostro ultimo rifugio dall'illusione di una vita mai vissuta. Se questa umanità si rifiuta di restituire la libertà alla coscienza c'è un solo modo per riprendersela: Rivoluzione

Questa Rivoluzione, per la nuova Evoluzione, somiglia a una guerra dove il nemico ha delle armi formidabili e sembra essere imbattibile: si è soli contro tutto e contro tutti. Così facendo però la morte sarà percepita come una liberazione dal peso della verità, ma è proprio in tali momenti che serve il coraggio di scegliere ancora una volta di non morire, perché la verità deve vivere e le illusioni devono estinguersi. L'Equazione Del Tutto, la formula dinamica in grado di trovare la verità autentica, rappresenta l'unica arma in grado di liberare la coscienza individuale e non è un caso che sia arrivata proprio in questo momento. È ovvio che in un mondo di illusioni la verità non venga presa in considerazione, ma su una scala più ampia di tempo spazio le cose stanno diversamente.

Per ora sembra impossibile sconfiggere il potere che agisce con malvagia violenza e fa leva sul terrore. Gli uomini che sono ai posti di comando violentano e abusano a piacimento senza che nessuno li ostacoli: chi tollera questo è complice degli orrori commessi contro i fragili e gli indifesi, oltre a essere altrettanto responsabile di ogni iniquità compiuta. Purtroppo però, non è così semplice liberarsi dal male, che in alcune circostanze viene visto come un potere invincibile grazie anche alle omissioni di miliardi di individui, che di fatto alimentano questo vortice infinito di sofferenze. Un uomo inconsapevole non può fare nulla, ma trovando la verità e quindi la sapienza, cambia tutto: liberarsi non è affatto semplice ma non impossibile, un po' come il passaggio determinante da zero a uno.

Qui non si tratta di scovare e uccidere tutti i cattivi. Non importa che paghino per le loro colpe. L'Equazione Del Tutto punta all'obiettivo più alto in assoluto: non ci sarà nemmeno bisogno di giudicare e condannare, non sarà necessario guarire le ferite, poiché quando il male si estingue non rinasce mai più. Troppo bello per essere vero, di fatti è tuttavia impossibile convincere miliardi di persone a liberare dal male l'umanità quando è già estremamente difficile compiere questo lavoro su sé stessi. La verità non agisce sulla personalità ma sullo spirito, che può diventare invincibile.

Come funziona la formula dinamica?

Innanzitutto bisogna comprendere cosa si può fare nel tempo presente, togliendosi tutti i pesi delle apparenze che diventano le proprie fragilità attraverso le proprie credenze. Lo Spirito di Verità non è in guerra contro le illusioni, ma è la mente corrotta a creare incessanti menzogne a cui dare la propria attenzione e quindi la propria energia, oscurando di conseguenza il lato sublime della mente. Quindi per realizzare la Rivoluzione, la coscienza deve trovare la verità e trasformare la mente dall'essere corrotta a sublime, sia a livello cosciente, che nelle scelte autonome prese attraverso l'inconscio. La coscienza è e vive attraverso l'individuo in cui ognuno di noi ci si identifica: ma allora chi sono io? E chi sono gli altri? Perché esistiamo?

Troppo comodo dire che è tutta un'illusione e che andrà bene in ogni caso, non funziona così e le sofferenze nel mondo ne sono la dimostrazione. Ognuno di noi è come un portale in cui ci si può entrare e avere una visione dell'universo unica; perciò dal proprio punto di vista, l'altro rappresenta un mondo sconosciuto da esplorare al fine di ottenere prima la conoscenza e poi la sapienza. Nessuno però può trasmettere sapienza a un'altra persona, ci sono solo scambi di informazioni attraverso il confronto, in cui ognuno può ricevere la conoscenza che è in grado di comprendere.

Per questo anche L'Equazione Del Tutto è un portale unico, con l'unica differenza che non ci sì trova né una visione di verità dal punto di vista dell'autore né la propria, essendo entrambe soggettive. Con tale metodo, estremamente dinamico, è dunque possibile ricomporre la verità autentica. È solo questione di volontà e intenzione pura, poiché finché la mente rimarrà corrotta non si potrà riconoscere lo spirito di verità. A ognuno di noi la scelta. Immagina di essere davanti a una porta chiusa e avere un mazzo di chiavi. Il tuo compito è osservare e capire se si vuole davvero oltrepassare quella soglia, visto che il prezzo da pagare sarà poi altissimo, ovvero, la rinuncia a tutti i propri attaccamenti e alle proprie credenze.

Una volta aver deciso dovrai saper riconoscere la chiave giusta per aprire la porta e soltanto in quel momento potrai essere in grado di varcare la soglia e volare nel vuoto, senza cadere ancora una volta nell'illusione della morte. Non troverai nulla di più elevato rispetto all'obiettivo che hai qui: il più piccolo, nella realtà, è il più grande nel mondo delle illusioni e delle menzogne. Ciò significa che nel Linguaggio dell'Equazione Del Tutto, un singolo individuo che vive nella verità è più potente di molti miliardi di individui che vivono come schiavi nell'illusione. Come sappiamo il mondo in cui viviamo è fondato su menzogne e utopiche speranze e chi crede che possa esistere una spiegazione a fin di bene per tali caratteristiche, che l'uomo non riesce ancora a comprendere, non è pronto a leggere questo libro e probabilmente non lo sarà mai.

Peggio dell'ignoranza c'è la presunzione di sapere, il che porta a non compiere una ricerca profonda sulla verità, creando di conseguenza la realtà in cui siamo obbligati a sopravvivere tra soprusi e abusi di potere. Se sei tra quei pochissimi esseri capaci di accettare e comprendere la verità autentica, l'universo ti ha condotto nel posto giusto al momento giusto. Questo è solo l'inizio di un percorso estremamente difficile da affrontare, ma è l'unico modo per liberarsi dalle prigioni in cui l'uomo si rifugia da sempre. Chi sceglie di ascoltare la verità partecipa alla solita finta lotta tra bene e male, ma questa volta con la consapevolezza di chi sa davvero cosa vuole anche se non sa ancora come.

Questa è quella che viene chiamata fede autentica. Con ogni probabilità in questo durissimo viaggio, si perderanno quasi tutti coloro che hanno scelto di rinunciare al mondo delle illusioni e delle menzogne, ma l'essenziale è che almeno uno di loro riesca a liberare la coscienza. Un aiuto può essere anche il supporto degli altri che si sacrificano mettendo in gioco tutti i propri talenti, rinunciando ai propri attaccamenti e mettendo in discussione le proprie credenze. La mente corrotta è capace di compiere ogni malvagità immaginabile, ma allo stesso modo è capace di rendere sublime l'essere umano, tutto ciò comunque dipende esclusivamente dalle proprie scelte. Grazie al percorso di consapevolezza, la verità rende l'uomo sempre più forte e incorruttibile, niente e nessuno sarà in grado di sopportare la potenza infinita dell'uomo consapevole.

Attenzione però a non confondere il potere della consapevolezza con il potere di cui l'uomo abusa da sempre: le scelte non sono mai soggettive e la libertà è intesa per tutti gli esseri viventi. È tutt'al più impossibile pensare di guidare un gregge di pecorelle smarrite, la consapevolezza è una conquista personale. Le gerarchie sono illusioni e bugie, poiché nessuno ha il diritto e il potere di scegliere per un altro. Ciò che stai leggendo è il testo che riconosce la scelta della vita, una scelta cosciente: iniziare la nuova evoluzione. Come forse saprai esistono tre verità, ma sia la mia che la tua sono soggettive e devono obbligatoriamente sottostare alla verità assoluta.

Chi può pretendere di aver trovato la verità assoluta, se non prima di aver trovato la coscienza? Attraverso ogni individuo in cui si identifica la coscienza, essa esiste, ma non è libera e vive tra dubbi e fragilità fino alla morte, per poi ricominciare nell'infinito ciclo della vita. Ma questa volta andrà diversamente, difatti nessuno può proclamare vittoria in questa terra stracolma di menzogne e inganni. Tale previsione è la certezza data dalla Sapienza vista come seme, consapevole di cosa diventerà. Questo libro è fondato sulla conoscenza acquisita attraverso la formula dinamica: l'Equazione Del Tutto. Non è semplice comprenderne i meccanismi e accettarne le risposte, ma è necessaria una profonda rivoluzione per riuscire a trasmettere questa immensa Sapienza alla coscienza collettiva.

Con questa prospettiva sublime è possibile espandere la coscienza e approfondire la capacità di andare oltre le illusioni.
In sintesi, la vita che ognuno percepisce è estremamente limitata al "campo di battaglia" di cui è lo spazio tempo che esiste tra la propria nascita e la morte. Questo concetto vale relativamente anche per il genere umano e per l'universo. Il cervello umano però, non ha sviluppato la capacità di comprendere la differenza tra mente e spirito, così come non riesce a concepire l'infinito dell'eternità.

È abitudine ormai focalizzarsi nel prendere in considerazione solo le due o tre generazioni che riguardano la propria esistenza umana:

mille anni sono già difficili da quantificare nei ricordi, ne consegue che milioni o miliardi di anni siano talmente così difficili anche solo da immaginare, lo stesso principio vale per la vastità dell'universo. In confronto, la terra è un puntino infinitamente piccolo e sperduto nell'immensità dello spazio. Questa però non è una lezione di astrofisica e il principio preso in esame serve solo a capire che l'individuo ha lo stesso senso di impotenza, dando l'impressione di non poter fare nulla nel proprio essere infinitamente piccolo rispetto a tutto il resto. Ne consegue che alla morte si disperdono i frutti buoni, tutti quelli che sono stati raccolti durante l'esistenza con i propri talenti.

Sapendo che la morte stessa è un'illusione e che la coscienza è una, non ci si riesce comunque a non subire la potenza degli eventi, portando, a livello spirituale, l'essere umano ad essere sempre peggiore a ogni cambio generazionale. Ma chi sono i nemici della coscienza? La mente non di certo e nemmeno l'ego: tali strumenti sono concepiti per essere utilizzati, perciò l'errore è all'origine. Una fra le tante cose da ricordare è che nell'eternità è possibile non avere mai una fine, ma il vero mistero punta sull'impossibilità di avere un inizio senza un qualcosa prima.

Riesaminando il concetto dei nemici, il riferimento più immediato legato a questi ultimi, sono quelli che causano danni fisici: stanchezza, debolezza, malattia e infine morte. Non ha importanza se la causa che fa percepire i nemici è inconscia, come per esempio ansie o credenze errate, oppure dovuta a incidenti o scontri con altri. La coscienza non rappresenta un singolo individuo, ma si manifesta attraverso di esso da qui la Sapienza. Di conseguenza la conoscenza, dispersa nell'inconscio, passa attraverso l'io in cui la coscienza si identifica, questo fa sì che ognuno di noi quindi è completamente responsabile del fallimento dell'umanità causato dalle opere e omissioni compiute, senza voler cercare l'unica cosa che avrebbe dovuto: la Verità.

La Verità appare assolutamente inutile e oltretutto inascoltata nel mondo, tanto che non si riesce quasi mai a riconoscerla in mezzo a innumerevoli inganni e iniquità. Invece è proprio lei a creare la possibilità di trasformare

l'individuo, facendo di lui un canale capace di
mettere ordine cosciente nell'immenso caos
dell'inconscio.

L'uomo risulta essere egoista e malvagio
proprio perché non ascolta la Verità e questo
determina una lotta di potere in cui finora ha
sempre dominato il male nel mondo. Sappiamo
che però l'essere umano ha costantemente
bisogno di un buon motivo per realizzare
quello che in apparenza sembra essere
impossibile. La legge dell'ottava, interpretata
nella formula dinamica, è il migliore modo per
avere sempre riserve di energia da utilizzare al
meglio, sia per i momenti bassi che per quelli
alti.

La Motivazione è Entusiasmo e Intuizione: pura e autentica Magia.

Qual'è un buon motivo per cercare la Verità autentica? Lo Spirito di Verità permette di abbreviare il tempo e lo spazio, portando l'individuo alla reale dimensione della coscienza. Diventerà possibile, così facendo, realizzare la Libertà dalla mente corrotta, senza cadere ancora nella trappola infinita di un nuovo ciclo morte nascita. Il ciclo morte nascita è un sistema di controllo che svela la sua illusione proprio perché inizia dalla morte, ma qui entriamo in concetti troppo profondi e chi vorrà potrà comprenderli in autonomia attraverso la Verità. Lo spirito di malvagità, a causa della mente corrotta, rinasce sempre più forte ad ogni generazione umana, a contrario dello Spirito di Verità che invece, non può essere tramandato, poiché si cadrebbe ancora nell'illusione di una nuova generazione e si perderebbe tutto il buon raccolto, unico frutto capace di liberare l'uomo dall'equilibrio infinito di una finta lotta tra bene e male.

Chi è il vero nemico quindi?

Spesso si sente dire che il nostro vero nemico siamo noi stessi, ma questa è una narrazione troppo semplificata e non corrisponde alla realtà dei fatti. Facciamo un po' di ordine seguendo il sistema dell'Equazione Del Tutto. Il nemico per antonomasia è il diavolo, con una maschera di buonismo che si fa chiamare Dio. Sapendo che il diavolo e Dio equivalgono alla stessa entità ma non esistono, è ovvio che essi siano forme di pensiero dell'uomo, che incarna bene e male attraverso le proprie opere e omissioni.

Ora, l'uomo stesso è una forma di pensiero in cui la coscienza si manifesta attraverso la mente di innumerevoli individui. C'è da ricordare però che la coscienza è una, il nemico parte dall'io e arriva a ognuno di noi attraverso le percezioni mentali e di conseguenza anche quelle fisiche. Allora noi siamo il nemico di noi stessi? Non esattamente, semmai è una questione di consapevolezza e di responsabilità, ma vediamo in che modo si potrebbe sciogliere questa infinita matassa.

Come agisce il nemico?

È difficile credere che noi siamo i creatori inconsci delle nostre sofferenze e una dimostrazione di come questo avvenga è data proprio dai sogni. Ognuno di noi vive attraverso un sistema di credenze, che inevitabilmente limitano la libertà attraverso paure e preoccupazioni, alimentando automaticamente egoismo e iniquità che in un modo o nell'altro si trasformeranno in malvagità impercettibile. Goccia dopo goccia questa situazione diventa un oceano incontrollabile che agisce attraverso l'inconscio; una sorta di specchio che riflette il male sulla coscienza, dando l'impressione che arrivi dall'esterno. Nei sogni si è in grado di poter fare qualsiasi cosa, eppure nemmeno in questo campo riusciamo a vivere i nostri desideri più belli, anzi troppo spesso riviviamo le paure e le preoccupazioni di una mente evidentemente corrotta.

Ma come può la mente creare la mente creare la realtà e non solo percepirla? Oltre alla prova che nei sogni il cervello proietta l'inconscio e la coscienza subisce impotente, ci sono tantissimi indizi che supportano l'ipotesi nel quale l'universo che percepiamo sia stato creato e subito da noi stessi inconsapevolmente. Questo dato però non è sufficiente e resta il fatto che si subisce la realtà anche soffrendo moltissimo: oltre alle paure, alle negatività, ci sono oggettività che non sembrano affatto semplici apparenze. Prima o poi prevarrà la stanchezza e il senso di debolezza che porteranno malattie nella coscienza fino alla morte.

Come si potrebbe uscirne fuori?

In questo momento siamo ancora nel mezzo della ricerca pura. La formula dinamica è solo uno strumento ma la soluzione va trovata dalla coscienza. Io in quanto autore dovrei conoscere meglio di chiunque altro L'Equazione Del Tutto, purtroppo però comprenderne i meccanismi non risulta affatto semplice neanche a me. Nella mia pigrizia ho a lungo sperato che arrivasse qualcuno con talenti più adatti rispetto ai miei; la coscienza è una come già citato e io avrei fatto comunque la mia parte con una certa soddisfazione. Invece finora sono rimasto in assoluta solitudine solo per avere scelto di guardare la Verità, del resto cosa avrei potuto aspettarmi in un mondo fondato sulle bugie e sulle illusioni?

È estremamente difficile rinunciare ai propri attaccamenti e il rischio infatti è quello di perdere la bussola dell'orientamento come capita spesso a chi ha tanto talento, che attraverso l'arte inizia a scoprire quanto sia profonda la Verità. Vederla come un individuo in cui mi identifico, non sono contento dei risultati dati dalla formula e avrei preferito un mondo più facile, ma sarei rimasto nell'illusione di una coscienza senza possibilità di essere libera né ora né mai. Per capire come uscirne fuori è necessario avere una sorta di mappa che permette di conoscere la zona di guerra, ma anche per sapere chi è a favore e chi contrario alla rivoluzione. A questo proposito bisogna comprendere perché il male esiste e perché continui ad essere presente.

Il male è opera degli uomini malvagi, anche se non è chiaro in che modo questi ultimi siano riusciti a corrompere la mente, e nemmeno perché essa continui a esserlo adesso che la coscienza è in grado di riconoscere il bene dal male, guardando la Verità oltre l'inganno. Se tutto fosse una proiezione mentale, le altre forme di pensiero si sarebbero dissolte come il buio incontro alla luce, invece non cambia nulla. Evidentemente gli altri hanno un ruolo così determinante, che la conoscenza non riesce ancora a comprendere e a controllare.

Quando non si hanno le risposte si può procedere per esclusione, al fine di lavorare sulle alternative rimaste senza disperdere la preziosissima risorsa della focalizzazione. Ora verranno fuori una serie di soluzioni secche, ma qui non si tratta di verificare o di dimostrare, bensì di collegare intuitivamente i pezzi. Nei precedenti libri sono descritte le fasi principali del percorso per utilizzare L'Equazione Del Tutto e trovare le risposte in autonomia. Il male agisce travestito da bene, ciò accade a tutti i livelli, comprese quelle energie che gli uomini credono essere onnipotenti e che abitualmente vengono chiamate Dio o simili.

Non esiste un'intelligenza cosmica che risolve tutto in automatico e non è vero che con il tempo prima o poi ogni cosa si evolva in bene.

La conversione può avvenire esclusivamente con la propria volontà e intenzione, scegliendo di prendersi la responsabilità di rinunciare agli attaccamenti egoistici e lottare con coraggio per la libertà di tutti gli esseri viventi. Un'arma estremamente efficace del male travestito da bene è il falso buonismo: oltre alle innumerevoli opere e omissioni che generano lunghissime sofferenze, credere di stare dalla parte del bene ha fatto precipitare l'essere umano ai livelli più malvagi dell'esistenza. Il tutto causato dalla già citata presunzione del sapere, che ora come ora, è divenuta peggio dell'ignoranza. Ci è stato insegnato ad amare incondizionatamente e a perdonare anche i propri nemici, ma in questo mondo di menzogne equivale a essere complici del male. Ciò non significa fare guerra a tutti, ma sarebbe necessario cambiare sistema per risolvere il problema. L'Equazione Del Tutto ha trovato la soluzione nel livello spirituale: soltanto così sarà possibile estinguere per sempre il male causato dalla mente corrotta dell'uomo, impedendo che rinasca ancora all'infinito. In altre parole, chi non sceglie di convertirsi va incontro all'estinzione.

In che modo potrebbe accadere?

Finora santi e martiri hanno dimostrato che il male vince senza troppa fatica, l'umanità è composta in gran parte da persone che si comportano come pecorelle fragili e impaurite, perché non usano pienamente l'immenso potere del cervello nonostante siano consapevoli di essere complici del male. Questo fa sì che le pecorelle non siano esseri buoni da guidare e salvare; anche loro hanno l'obbligo di convertirsi e lottare contro il male invece di continuare a evitare di contrastarlo: la libertà è l'esatto contrario del controllo. Chi non ci riesce cosa deve fare? Non riuscirci significa essere dalla parte del male, perché a livello spirituale è tutto determinato esclusivamente dalle proprie scelte: nessuno nasce padrone, è lo schiavo che sceglie di chi esserlo. Può però benissimo decidere di rimanere libero anche a costo di morire.

Ma allora perché si preferisce appunto vivere da schiavo piuttosto che morire?

La grandissima parte dell'umanità vive una vita schiavizzata e il più delle volte consapevolmente si accettano compromessi che invece a livello spirituale sono assurdi e inconcepibili. Il senso di fragilità è determinante, ma la vera impotenza dell'uomo non è fisica: è la mente che crea la propria realtà e di conseguenza gli eventi che accadono. Una persona può essere buona cercando di non fare del male a nessuno, magari passando la vita a pregare e a fare giuste azioni nel suo piccolo. La mente è soddisfatta di queste opere ma lo Spirito ne rimane ferito, soprattutto per le omissioni che sono ben più gravi: evitare di contrastare il male con tutti i propri talenti a disposizione, porta ad essere complici della malvagità e sofferenza in cui la vita cosciente è prigioniera a tempo indeterminato. Come si può facilmente osservare, si continua a lottare per la libertà autentica ma alla fine si resta sempre nello stesso punto, come un criceto che gira sulla sua ruota. Si fa un passo avanti e due indietro, chi ha cercato e cercato per tutta la vita alla fine ha trovato il nulla, pronto a rimandarlo alla prossima vita, che sia terrena o ultraterrena.

Ma perché non ci si riesce a cambiare? O meglio, perché non si ha la voglia di farlo?

Il campo di battaglia per la libertà è il tempo. Potrebbe essere una questione legata interamente a quest'ultimo elemento e non è un caso che L'Equazione Del Tutto si sia rivelata alla coscienza in questa epoca. Un fotone è imprigionato nel nucleo del sole e non riesce a uscire, facendo trascorrere milioni di anni e innumerevoli rimbalzi, prima di trasformarsi in un raggio di luce che arrivi alla terra in pochi minuti. In questo caso la libertà è arrivata da un momento all'altro per questo fotone.

Quindi perché quest'ultima si cela improvvisamente e in un determinato momento?

Il caso non esiste, il destino è il risultato delle scelte, talmente complesse che la coscienza può solo avere fede nella mente inconscia per mettere ordine nel caos. Ma per avere la fede autentica non è sufficiente credere o sperare, l'ordine si realizza esclusivamente con uno sforzo di volontà immenso e costante, altrimenti il caos avrà sempre la meglio e l'esistenza continuerà a essere devastata da sofferenze inutili.

Per quello che ne sappiamo un fotone non ha fede e nemmeno volontà, eppure prima o poi riesce a uscire a causa di eventi esterni che influenzano l'intensità e la direzione dei rimbalzi.
L'essere umano invece non è un fotone e subisce l'influenza degli eventi solo in

apparenza, ma non è così. Sono le proprie scelte a determinare la direzione e l'intensità del destino, e di conseguenza anche quella degli eventi e dell'intera esistenza .

Da qui si torna al punto di partenza: essendo fragili e imperfetti anche le nostre scelte sono inconsapevoli, così che nessuno avrà mai la conoscenza e la capacità di convertire la mente corrotta dell'uomo nel breve tempo della propria vita terrena. Bisogna abituarsi a una vita di alti e bassi, avendo la consapevolezza di non disperdere le energie nei lunghi periodi calanti, ma anche sapendo di poter sferrare il colpo migliore durante il picco, la Sapienza Sublime nel cogliere il breve attimo fuggente. Questi colpi agiscono nel micro universo quantico, oltre il campo mentale dello spazio tempo inconscio, dove lo Spirito può unirsi con la Coscienza e convertire le scelte corrotte negli automatismi più profondi.

La potenza dello Spirito sembra niente in confronto agli abusi di potere che da sempre caratterizzano e affliggono l'umanità, eppure le azioni degli uomini sono generate dai pensieri, che a loro volta sono generati dallo Spirito. C'è da dire però che lo Spirito però non è sempre buono, o perlomeno non è immune alla corruzione della mente. Non è un caso che sesso e violenza siano le fondamenta su cui è costruita la storia dell'umanità, che poi è stata raccontata in modo da sembrare perfino gloriosa e piena di eroi. Non è un caso che il successo delle religioni è dato dalla speranza che uno Spirito buono e onnipotente faccia quello che avrebbe potuto e dovuto fare l'uomo. È l'essere umano che sceglie e agisce, di fatto le opere attribuite a Dio e al diavolo sono tutte umane.

La natura e l'universo si muovono su una scala troppo grande per la comprensione attuale dell'uomo e gli eventi che si generano sono estremamente complessi, ma non sarebbero impossibili da controllare se la coscienza avesse focalizzato la sua ricerca su un piano spirituale più alto. Invece si è sempre anteposta l'urgenza dei sensi e quindi l'egoismo, causando sofferenze infinite che limitano tantissimo il potere dello Spirito, della coscienza.

In che modo un singolo individuo può agire in questa situazione estremamente difficile?

Sembra impossibile ma una risposta esiste e si chiama Equazione Del Tutto. Comprendere e usare questa formula è un vero viaggio dentro la parte più profonda dell'inferno, dove il senso di impotenza e inutilità portano all'abbandono evitando di cadere nella follia della solitudine, la stessa che ha trovato chi ha visto uno spiraglio oltre la mente, colei che crea questo mondo di illusioni e menzogne.

A questo punto la scelta è: Restare nell'illusione e sopravvivere nell'egoismo, oppure provare a liberare la coscienza.
Tale scelta non prevede un sì o un no, non basta schiacciare un tasto per essere liberi in modo autentico. In gioco non c'è solo la vita di un singolo individuo in cui la coscienza si identifica, ma tutta l'esistenza così come la conosciamo. Non importa se avverrà

un'estinzione o se l'uomo riuscirà a trovare il coraggio di convertirsi, non si muore mai veramente, ci si trasforma. L'essenziale è farlo bene stavolta, perché la vita è rara e merita di essere vissuta meglio di così

Perché allora scegliere L'equazione Del Tutto?

Nel mondo esistono innumerevoli teorie e sono tutte vincenti, il problema è che la certezza del risultato è rimandata a dopo la morte, mentre qui è diverso: non si tratta di eccessivo ottimismo o vanagloria, ma di usare tutte le potenzialità della mente nel tempo di adesso. In questa parte del libro non si farà pubblicità alla formula dinamica, magari decantando le sue immense potenzialità e cercando di attrarre l'attenzione di chicchessia, ma si invertirà il punto di vista per capire perché l'uomo non scelga L'Equazione Del Tutto. Senza giudicare il singolo individuo, è chiaro che la stragrande maggioranza dell'umanità è composta da persone che fanno parte dell'illusione riconosciuta come coscienza collettiva. Attraverso sistemi di controllo come politica e religione, pochissimi uomini riescono a manipolare e sfruttare l'inconscio di miliardi di altri, in un sistema gerarchico dove ognuno vuole prevalere sull'altro. Non si nasce padroni e sarebbe troppo semplice dare la colpa ai cattivi che stanno al potere: nessuno può ottenere se non ci fosse qualcuno a dare, quindi sono tutti responsabili a ogni livello.

Perciò non è un caso se qualcuno o buona parte, ascoltando la verità, riconosca che uno strumento come L'Equazione Del Tutto permetta di rivelare in autonomia il qui, ora e presente. Evidentemente forse manca la volontà di prendersi le proprie responsabilità e si preferisce una vita di illusioni.

Ognuno fa le proprie scelte, ma siamo assolutamente certi che la verità sia davvero così impotente oltre l'illusione dello spaziotempo e oltre l'illusione della morte? La verità è come la luce: una sola è sufficiente a dissolvere il buio di tutte le menzogne. L'evoluzione consiste nel trovare il gradino successivo per salire più in alto e in questo tempo nulla è più completo e profondo dell'Equazione Del Tutto. C'è tantissimo lavoro da fare ed è estremamente difficile, ma è un lavoro necessario all'evoluzione dell'esistenza, perché la coscienza è vita che desidera il meglio in senso assoluto.

La mente è corrotta, ma è anche l'unico strumento capace di riuscire a mettere ordine nel caos provocato dall'urgenza e dalla fragilità dei sensi fisici. L'essere umano è sull'orlo dell'abisso: cadendo resterà come un qualsiasi animale che lotta per la sopravvivenza, diventando sempre più egoista e malvagio fino a raggiungere l'estinzione. Immagina come ti sentiresti nel sapere che avresti potuto cambiare il destino dell'umanità e delle future generazioni, ma non l'hai fatto, semplicemente perché lo ritenevi impossibile e hai scelto di trascorrere il tuo preziosissimo tempo in un altro modo. Non è un caso se proprio ora è arrivata L'Equazione Del Tutto. La coscienza ha scelto cosa vuole e adesso deve trovare il modo di realizzarlo, anche se prima c'è da sciogliere una matassa di illusioni. Questo è tempo di riconoscere la verità e scegliere di agire per essa.

Ma allora cosa impedisce alla coscienza di agire secondo la verità rivelata dall'Equazione Del Tutto?

Si sente spesso dire che tutto quello che è buono fa male e viceversa, questo principio si può applicare in ogni ambito e non solo per il cibo. Il malessere deriva dalla quantità che rende dannosa ogni cosa buona, ma perché allora il corpo tende ad eccedere anche in stato di pienezza? Questo egoismo trasformato in malvagità arriva dalla mente o dal corpo?

Gli animali hanno una mente meno complessa rispetto all'uomo, eppure l'egoismo vige lo stesso.
Gli uccelli per esempio non spartiscono il cibo da buoni amici, ma si preoccupano di averlo tutto per loro e per i propri piccoli.
Istinto di sopravvivenza diremo, certo, ci è stato anche raccontato che non vince la specie più forte ma chi sa meglio adattarsi agli eventi.

I cani sono estremamente fedeli e buoni, ma solo con l'uomo che ritengono essere loro superiore. A parti invertite invece è probabile che considerino quest'ultimo come un piccolo animale, uccidendolo anche solo per giocare. In natura però nessun animale è malvagio nonostante uccida senza crearsi troppi problemi, appunto perché non ha la consapevolezza di quello che potrebbe fare in confronto a una lotta selvaggia per sopravvivere.

L'essere umano invece potrebbe anche mangiare senza uccidere, nonostante ne sia consapevole e ne abbia le capacità per farlo. Stessa cosa per tutti i soprusi e gli abusi di potere che commette incessantemente. La mente non è ancora abbastanza forte da mettere ordine e controllo alle fortissime esigenze del corpo, che sospingono senza sosta verso le proprie credenze e quindi ciò che procura benessere alla propria vita.

Ma cosa c'è di male nel cercare il benessere e al contempo cercare di evitare le sofferenze?

Il sano egoismo in fondo recita: *morte tua vita mia*, ma la verità profonda invece è diversa e prima o poi verrà fuori con un'energia inimmaginabile.

Questi non sono i soliti proclami propagandistici visto che il tempo non aggiusta tutto automaticamente, ma è necessario l'autentico intervento divino, ovvero la volontà e l'intenzione pura, supportate da un coraggio e una costanza senza limiti. L'uomo finora ha compiuto dei passi importanti attraverso la compassione, l'empatia, cercando di comprendere e rispettare il punto di vista degli altri esseri umani e di tutta la natura, ma non sono ancora sufficienti. Ciò che manca è la giusta determinazione, manca l'entusiasmo dato da un motivo grande quanto la verità.

Perché l'essere umano rifiuta sistematicamente di prendersi le proprie responsabilità?

Basta osservare un luogo di culto religioso come una chiesa: le persone pregano e si rivolgono a un essere superiore, creato però dall'immaginazione collettiva, proprio perché in quel luogo, oltre loro, non vi è nessun altro. Evidentemente l'uomo preferisce credere e arrendersi all'illusione di un essere immaginario, piuttosto di risolvere i problemi in modo miracoloso, sfidando ciò che appare impossibile e che costa il sacrificio di rinunciare a tutti quegli attaccamenti che lo fanno sentire amato e protetto.

La vita esistente tra la nascita e la morte è l'unica certezza che si conosce ed è difficile mettere tutto in gioco per una scommessa ignota e improbabile, come una formula che potrebbe rivelare la verità, ma anche se fosse comunque, quest'ultima non basterebbe da sola a distruggere un mondo interamente creato sulle menzogne e sulle illusioni. È necessario l'intervento consapevole dell'uomo, che sceglie e agisce con la sapienza sublime data dalla verità.

La verità dunque è lo strumento con cui l'uomo può agire per la nuova evoluzione, con cui può realmente espandere la coscienza e creare un mondo sempre meno egoista e meno malvagio. Procedendo per gradi, l'Equazione Del Tutto è invece lo strumento per trovare questa verità e di conseguenza la libertà dell'essere. Il nemico più grande della sapienza non è l'ignoranza, ma la presunzione di sapere. Questo accade quando un individuo confonde la propria verità soggettiva con la verità assoluta e ne è letteralmente accecato.

C'è un modo per distinguere la verità soggettiva da quella assoluta, altrimenti anche lo scrittore di questo libro potrebbe facilmente cadere in questa trappola estremamente difficile da evitare. La presunzione di sapere impedisce l'evoluzione dell'umanità, mentre la verità soggettiva non è mai completamente allineata con la verità assoluta. Come autore dell'Equazione Del Tutto posso tranquillamente affermare che non sono d'accordo su molti dei risultati rivelati dalla formula dinamica, ma so quanto è determinante scegliere la verità assoluta anche a costo di rinunciare alle mie esigenze personali.

Un'altra caratteristica che distingue le due verità è la completa imparzialità della verità assoluta: rispetto, comprensione, empatia e compassione per tutti gli esseri viventi, compresi vegetali e minerali. La verità soggettiva non può essere molto elevata ma l'uomo si rifiuta perfino di immaginare una rinuncia a quest'ultima, credendo sia assolutamente naturale privilegiare se stessi e i loro cari nelle proprie scelte e nei propri automatismi. Per realizzare una reale evoluzione deve scattare una sorta di scintilla nella mente, un'illuminazione capace di cambiare paradigma come la verità è in grado di fare. Sembra impossibile da realizzarsi perché il potere viene dato alla quantità: un individuo non può nulla contro miliardi di persone e stessa cosa vale per eventi naturali o causati dall'uomo, dove il tutto porta inevitabilmente a debolezza, malattia e infine morte per uccisione o per stanchezza.

Il vero campo di battaglia è infatti il tempo, il corpo invecchia e perde energie, ma rimane il fatto che la vittoria può avvenire esclusivamente a livello spirituale e attraverso la mente, colei che al pari di un Dio immagina l'uomo unico strumento capace di mettere ordine nel caos attraverso la verità, e di porre fine alla schiavitù dell'uomo in questa esistenza infernale. La coscienza è una e anche lo spirito, tutto il resto è un'illusione talmente forte e radicata da sembrare la sola realtà, ma invece è una prigione fatta di bugie e sofferenze. L'ideale è riuscire a convertire la mente dell'uomo con le proprie scelte, altrimenti l'estinzione della vita umana sarebbe un fallimento anche per la coscienza. Alla peggio si potrebbe resettare tutto e ricominciare da zero, sperando che questa brutta esperienza sia servita a evitare malvagità inaccettabili nella futura concezione di esistenza.

Bisogna avere coraggio però a prendersi la responsabilità di tutta l'esistenza?

La coscienza non è solo l'individuo in cui essa si identifica, ma è tutto ciò che si conosce e nel quale c'è bisogno di sapienza per far sì che la vita scorra felicemente. Ognuno di noi ha la scelta di cercare la verità o di vivere nell'illusione; questa è l'unica libertà assoluta che esiste attualmente, purché non ci si lasci condizionare dalle proprie credenze e dalla presunzione di sapere.

Torniamo dunque all'interno delle nostre prigioni mentali, proprio come il già citato fotone che cerca incessantemente la via per uscire dal nucleo e che prima o poi la troverà. L'uomo però per uscirne fuori non ha a disposizione milioni di anni, ma un tempo limitato e inoltre non possiede la stessa costanza del nucleo, poiché la maggior parte del tempo viene sprecata per superare le proprie fragilità. Molti esseri umani infatti trascorrono quasi tutta la vita a cercare invano un percorso di guarigione, perché le proprie credenze lo fanno sentire debole, continuamente attaccato da agenti destabilizzanti come rimorsi, rimpianti, sensi di colpa e tutti quei malesseri che generano ansie e stress.

Altrettanto inutile è anche il tempo trascorso da chi si abbandona alle credenze spirituali o religiose, illudendosi che il tutto sia già perfetto così e che l'uomo debba limitarsi ad accettare e godere dell'esistenza a noi data. Invece è lo stesso destino ad essere creato dall'uomo, solo che avviene in maniera inconsapevole e senza controllo, poiché la mente non è sviluppata per riconoscere e aprirsi all'immenso potere spirituale. Nessun altro può sviluppare la mente all'infuori dell'uomo, colui che può rendere plausibile tale azione attraverso le proprie scelte, trasformandole in abitudini e infine in automatismi. Questo è tutto ciò che si può fare per adesso, senza stare ad aspettare un'ipotetica miglior vita totalmente inesistente all'infuori dell'illusione.

Il modo in cui attuare questa metodologia invece, risulta impossibile da spiegare, proprio perché la mente ancora non è sufficientemente sviluppata, ma se può essere infinitamente malvagia può anche essere infinitamente buona e altrettanto potente. In fondo essa è solo uno strumento che ubbidisce ciecamente alle nostre scelte. La fede autentica non può trovarsi nella mente e nemmeno in un Dio che di fatto non esiste, ma va riposta esclusivamente nell'uomo, unico essere con il potere della scelta per smuovere eventi e destini. Perciò chi non ha fede in verità non crede nell'uomo e quindi non crede in sé stesso. La fede per il Dio delle religioni è palesemente falsa, ma rimane un piccolo dubbio sulla creazione degli eventi della natura nel mondo e nell'universo, che in apparenza sembrano prodursi indipendentemente dalla volontà dell'uomo.

Ripeto che questo livello purtroppo non è ancora raggiungibile dalla mente umana a causa dei suoi attuali limiti, ma per comprendere cosa si può fare e come intervenire su vasta scala è necessario liberarsi, così che probabilmente tutto accadrà di conseguenza in modo naturale. Il lavoro che si può e deve essere svolto adesso è trovare la verità a livello individuale attraverso L'Equazione Del Tutto, senza pensare a teorie troppo grandi su cui non si può operare attualmente.

Un'altra azione plausibile è riconoscere gli inganni anche ai livelli più sottili, siamo nel mondo delle menzogne e delle illusioni e niente è come sembra a livello superficiale. Come potersi fidare di tutto quello che affermano anche i maggiori illuminati della storia umana? Come dare per certo quello che dicono le sacre scritture? L'umanità non è mai migliorata a livello spirituale e l'uomo finora non è mai stato davvero libero se non per brevi istanti. Questa è la verità, nessuno è mai riuscito a liberare la coscienza. Gli altri sono come tanti orologi rotti, ognuno segna l'ora corretta solo due volte al giorno e riconoscere la verità significa proprio sapere quando queste due volte sono quelle giuste. Trovare il momento giusto. Dal tuo punto di vista la coscienza si identifica nella persona che sei e solo tu puoi liberarla una volta aver riconosciuto la verità, ma la verità in questo mondo non ha nessun potere e anche se tu riuscissi a comprenderla, saresti solo all'inizio di un percorso da missione impossibile, dove la fragilità umana non è assolutamente concessa.

Praticamente la coscienza si è affidata a te per riuscire a liberarsi da questa prigione di credenze e inganni, la tua eventuale morte segnerebbe il fallimento e un nuovo ciclo dove iniziare ancora da zero. Vedendola in questo modo nell'Equazione del Tutto non si può morire, ovviamente non perché sei immortale, ma perché hai scelto di non morire per uccidere tutte le illusioni. Questa scelta comporta la sfida più difficoltosa e la più ignota, in teoria potrebbe anche verificarsi la morte del corpo fisico e della forma di pensiero in cui la coscienza si identifica, ma è lo Spirito che può essere più potente di ogni altra illusione.

Evidentemente lo Spirito non è poi così libero e potente, proprio come non lo è la coscienza, sennò non avrebbe sprecato tutta la sofferenza nel trovarlo da parte dell'umanità. C'è necessariamente un meccanismo particolare che tiene strettamente in connessione Spirito, Coscienza e Uomo, che sceglie attraverso la mente e opera attraverso il corpo fisico. Torniamo ancora metaforicamente a rimbalzare per uscire dal nucleo, in cui ogni dato informativo ci permetterà di decidere al meglio le coordinate del luogo sul quale poi andremo a compiere il prossimo tentativo.

L'ostacolo più grande ripetiamo è il male, impersonato dal diavolo, che però ha anche la maschera di Dio: in altre parole sono gli uomini nel loro insieme a creare e sostenere il male, trovando un certo equilibrio di sopravvivenza con il bene ma senza mai liberarsi definitivamente. Perciò la grande maggioranza degli uomini è complice del male, una gravissima mancanza di responsabilità per non aver cercato la verità. Ciò significa comunque che forse solo una pochissima parte di persone hanno la volontà di convertirsi, altrimenti andremmo incontro all'estinzione della vita umana così come la conosciamo. Una persona che riconosce la verità non accetterebbe mai di sopravvivere a queste condizioni orribili, piuttosto sarebbe meglio morire o ancora meglio non essere mai nati. Quindi se siamo qui a pensare a un'idea di libertà è perché la Coscienza ha riposto una speranza e solo ognuno di noi può decidere il destino operando le proprie scelte.

Non commettere l'errore di sentirti nulla rispetto alla vastità dell'universo e agli esseri viventi di tutti i tempi, perché questa è la tua storia!

Devi trovare la verità, tu devi sapere cos'è successo e cosa è possibile fare ora, altrimenti la tua storia sarà solo un'altra illusione creata dalle tue stesse credenze che ti hanno ingannato fin dalla nascita. Certamente non è facile determinare la fine delle illusioni, non si può schiacciare un bottone per obbligare l'umanità a decidere se convertirsi o estinguersi e lo Spirito non è un essere onnipotente che ti aspetta e si unisce a te appena lo trovi. Esso si forma e diventa consapevole insieme a te, perché è lui che vive la tua storia

Poiché il potere dello Spirito è determinato dalle tue opere e omissioni, sono le tue scelte a sancire quanto può espandersi la coscienza e influire così sulla collettività e su tutto il resto.

Ovviamente la coscienza non ha scelto te come eletto e non hai nessun tipo di aiuto senza sottoporti a uno Spirito forte e coraggioso. È una collaborazione dinamica dove l'energia sostenuta dalla tua volontà e dalla tua costanza, ti rendono sempre più determinato e consapevole. Come avrai capito il Dio onnipotente è l'insieme delle scelte degli uomini, ma la presunzione di sapere dell'uomo lo trasforma in un demonio che di fatto crea un mondo di sofferenze senza fine, almeno finché qualcuno non decide di cambiare davvero.

Questa è la rivoluzione autentica dove l'obiettivo è una nuova evoluzione di vita, che poi essa potrà esistere con o senza l'essere umano, ciò è ancora da determinare. In quest'epoca si può agire attraverso la scelta di seguire la verità, per poi dare allo Spirito, attraverso la coscienza collettiva, una scintilla innescata dall'individuo in cui ognuno di noi si identifica. Molti sacrifici sono stati fatti nel corso della storia e probabilmente non sono stati neanche inutili ma alla fine si è sempre cercata una libertà fatta di compromessi e questo è comprensibile poiché il male è radicato nella mente dell'uomo; Assenza di Dio è assenza di Verità.

Ogni tempo ha la propria evoluzione. L'Equazione Del Tutto ambisce a un cambio di paradigma assoluto e molto difficoltoso da realizzare, però la coscienza ha fede nella buona volontà di chi pretende la verità anche a costo di perdere tutto. Tale obiettivo è talmente difficile da concretizzare che sembra essere impossibile, non è un caso che finora molti uomini abbiano sacrificato la propria vita in cambio di compromessi per darne un'altra meno difficile ai propri figli e alle generazioni future. Resta il fatto che ogni compromesso generato dalla menzogna significa essere complici dell'illusione e significa anche condannare le prossime generazioni a un nuovo ciclo di nascita e morte, dove tutto il lavoro viene completamente resettato. Non si può sperare di tramandare la Sapienza a un altro Spirito o alle prossime vite.

Non esiste una crescita graduale verso la libertà o la perfezione: tutto deve avvenire in modo letteralmente devastante e determinante esclusivamente nel tempo presente, insieme a quel che si è riusciti a raccogliere durante la propria esistenza. Potrebbe essere che la coscienza ha altre tempistiche per agire, ma questo fa parte delle teorie su cui non si può compiere ancora nessuna azione. L'essenziale invece sta nel seme piantato in tale coscienza, dove bisognerebbe trovare lo Spirito giusto per realizzare finalmente la vera libertà, il resto avviene in modo naturale esattamente come accadono gli eventi.

Se pensi di non essere adatto a questo scopo non hai ben compreso i principi della formula dinamica, ugualmente se credi che l'autore dell'Equazione Del Tutto sia migliore di te: avresti già fallito senza nemmeno iniziare. L'universo non fa preferenze, basti vedere quanti orrori accadono da sempre indisturbati.

Se invece scegli di sacrificare tutto per la verità, devi essere pronto a un sacrificio autentico: assolutamente nessun attaccamento, un immenso coraggio che sia più forte della paura, una costanza più resistente delle fragilità, una volontà determinata che sa cosa sceglie senza condizioni. Non bisogna essere supereroi anche perché l'uomo non ha limiti se vuole davvero raggiungere un obiettivo.

Ma questa prigione da cui sembra impossibile liberarsi da quanti altri è stata realizzata?

Le regole e i controlli delle società sono concepite per il vantaggio di pochi, attraverso la manipolazione mentale e gli abusi di potere, quindi ognuno nel popolo cerca di sopravvivere come meglio può, mostrandosi finti ignari agli orrori compiuti dai potenti. Questa non è libertà, la mente umana merita di meglio che essere trattata come animale da allevamento intensivo, oppure da sfruttare e violentare a piacimento da chi ha la fortuna di trovarsi in una posizione migliore.

Non esiste alcuna giustizia divina e questo è evidente, per trovare la libertà è necessario riconoscere e cercare la verità, ma nessuno però è in grado di trasmettere a un'altra persona quest'ultima e tutto deve avvenire in modi sottili e invisibili alla mente corrotta.

Questa è la fede autentica, quindi prendi consapevolezza e scegli bene la mira, ogni tentativo sembrerà essere inutile, la stanchezza prenderà sempre più il sopravvento, ma non importa, finché ce n'è respira per la libertà.

Ancora un altro tentativo e un altro ancora e ancora. Non commettere l'errore di perdonare i complici del male, sarebbe come aprire la gabbia a dei folli violenti e lasciarli liberi di compiere ogni abuso e violenza contro i bambini e gli indifesi. Non si tratta di credersi giustizieri e non è sicuramente la tua forma di pensiero che giudica cosa è bene e cosa è male. Quello che devi fare è riconoscere la verità e seguire esclusivamente questo principio di esistenza, il resto verrà da sé. Attenzione però !! Perché il male è travestito da bene anche oltre l'illusione della morte, gli angeli che possono sistemare tutto fanno parte delle menzogne e della presunzione di sapere, perché se avessero voluto liberare la coscienza l'avrebbero già fatto.

Tutto dipende esclusivamente dalle tue scelte, nessun altro può prendersi la responsabilità di vivere la tua storia e di conseguenza niente e nessuno ha il potere di uccidere il tuo Spirito se non sei d'accordo anche tu. La verità non ammette indecisioni, il male deve estinguersi senza mai più rinascere, ma di nuovo, questo sarà soltanto secondo le tue volontà. Sarebbe perfetto non preoccuparsi di decidere il destino dell'umanità, ma non facendolo la si porterà alla sua prigionia per un tempo indeterminato, dando nuove sofferenze al futuro dell'esistenza e potere ai malvagi, lasciando indifesi i fragili.

Non sarà L'Equazione Del Tutto a risolvere tale problema perché la formula è solo un modo per trovare la verità: tutto arriva dalla forza del tuo Spirito, aiutato da questo strumento estremamente importante che la coscienza è riuscita a metterti a disposizione. Non penso neanche sia necessario augurarti buona fortuna, piuttosto non arrenderti mai e fai sempre un altro tentativo.

La libertà è un sentiero inesplorato, trovalo e libera tutti quelli che scelgono di convertirsi alla Verità. Questo sì che sarebbe un buon motivo per festeggiare, ma finché l'uomo non sarà libero non avrà mai nulla per cui gioire davvero, tutto rimarrà chiuso nella gabbia delle illusioni fini a sé stesse.

Ora è tempo di Rivoluzione

Un altro tentativo…
La nuova Evoluzione significa uscire dalla
ruota del criceto, entrando in una dimensione
più grande che è ancora tutta da scoprire e
ancor prima da comprendere.

Non è forse meglio lottare per la vita reale?

Se l'uomo non l'ha mai fatto vuol dire che è stato ingannato da Dio, anche se come già detto è il demonio che porta la maschera di una speranza e di un amore impossibili da realizzarsi. La lotta tra il bene e il male non riguarda Dio e il Diavolo, ma l'uomo che continua a lottare vanamente sempre con gli stessi desideri e attaccamenti, scegliendo sistematicamente di far dominare l'egoismo e quindi la malvagità.

Il male però non ha mai vinto definitivamente visto che non potrebbe esistere senza il bene: si autodistruggerebbe. La mente corrotta così va avanti a tempo indefinito tenendo sempre in vita la speranza di un cambiamento che non potrà mai avvenire da un'illusione. Per questo motivo la fede religiosa è tutt'ora molto importante per l'umanità, anche se nell'ultimo periodo è la fede scientifica che si sta facendo strada. Il principio di inganno e di controllo però rimarranno comunque gli stessi, ovvero tenere in equilibrio la lotta tra bene e male in modo che si protragga a tempo indeterminato, sottraendo all'uomo la responsabilità dell'esistenza.

L'unica reale possibilità di un cambiamento invece sei proprio tu. Soltanto tu puoi scegliere di smettere di essere complice di questo film, in cui il finale è già scritto e reciti una parte che non pensi realmente. La tua vita in questo mondo è solo una copia di altre moltissime copie, quindi la domanda sorge spontanea: è davvero questo quello che vuoi essere? Rispondi solo a te stesso.

L'Equazione Del Tutto non è un libro nel quale l'autore dice di essere un figo che si vanta di avere scoperto l'unica verità, ma è uno strumento che
dimostra con i fatti che la coscienza sta cercando di liberarsi, facendolo direttamente

attraverso te stesso. Tutti i personaggi famosi dicono frasi meravigliose e concetti assoluti, ma perché in migliaia di anni l'essere umano è rimasto nella sua gabbia di illusioni? Erano davvero così grandi questi concetti? No, perché qualunque compromesso con l'illusione significa esserne complice, oltre che vittima. Le parole di conforto e protezione si dicono ai bambini e non ai rivoluzionari, mentre le belle bugie sono utili per guarire una ferita, ma a lungo termine andranno ad indebolirci e non saremo più in grado di vincere.

Passiamo la vita a chiedere a un'illusione sicurezza e protezione da un'altra illusione.

Ma cos'è la vita? Chi è che esiste oltre a noi e per chi?

Nessuno ha stabilito che tutto è stato creato in favore dell'essere umano.

Il nostro corpo è estremamente sensibile e in caso di attacco è completamente senza difese, ne consegue che i sensi servono più a percepire la sofferenza che la gioia. Basti vedere con quale impegno la mente si prodiga per immaginare metodi di torture che provocano dolore assoluto, trovando addirittura un senso di piacere sconcertante nel provocare dolore agli altri. Perfino nel sadomasochismo ci si può trovare piacere nel ricevere dolore, sprofondando in un senso di dipendenza da cui non se ne esce più.

Ho sentito che l'orgasmo in realtà è una sofferenza per il corpo umano, ma il cervello riesce a trasformare anche quest'ultimo in piacere. Quindi è la mente che decide il tutto, perfino il contrario, senza logica e senza consapevolezza.

Dare e avere in cambio le stesse cose può essere percepito in modo negativo o positivo, quindi la sofferenza fondamentalmente non è un principio oggettivo ma soggettivo e trasformarla in piacere non risulta affatto semplice, poiché la mente cosciente è estremamente fragile e limitata in questo sistema di esistenza, dove provare ad avere potere sugli altri è la cosa più ambita in assoluto.

Senza però tirare in ballo il genio del male che si nasconde nell'uomo, in natura basta una semplice zanzara per provocare dei disturbi molto fastidiosi, per non parlare dei microbi completamente invisibili all'occhio umano, in grado di devastare l'esistenza con una malattia. Ovviamente per l'uomo è stato più facile usare i microbi per provocare di proposito epidemie da curare e ottenere potere, invece di trovare metodi di prevenzione per proteggersi, perciò finché la mente rimarrà corrotta nulla potrà cambiare.

Osservando l'universo sembra essere tutto casuale o comunque incontrollato. Sappiamo che l'intelligenza più evoluta che si conosca è la mente umana, ma non essendo quest'ultima in grado di liberarsi nemmeno dalle sue fragilità, non potrà avere l'energia e il tempo per andare oltre i suoi limiti.

Per esempio, il sole permette la vita sulla terra, ma esso non è una coscienza che lo fa in maniera consapevole, è una stella creata da una serie di esplosioni: eventi casuali o incontrollati in tutto il resto dell'universo e nella sua vastità, dove nulla sembrerebbe avere senso vista la mancanza di segni di vita coscienti. L'unica cosa conosciuta è la mente che con l'immaginazione è in grado di creare all'infinito, ma essendo corrotta purtroppo non riesce a fermarsi, di fatti basti osservare gli incessanti pensieri che travolgono il cervello umano a ogni istante. Naturalmente sono pensieri inutili e incontrollati, che ostacolano la vera evoluzione della vita e rendono il destino un evento caotico e casuale.

Probabilmente la mente crea a livello inconscio e l'uomo si è evoluto sopra un equilibrio che si è formato automaticamente senza il suo volere. Quello che si trova sotto l'essere umano dunque, lotta incessantemente per la propria sopravvivenza dove niente e nessuno agisce consapevolmente per migliorare la vita umana, insieme a quella di tutti gli altri esseri viventi. L'unico che potrebbe riuscirci sarebbe proprio l'uomo, se non fosse così impegnato nell'essere egoista e malvagio, delegando le proprie responsabilità a un Dio sempre assente.

È difficile comprendere che probabilmente siamo in una realtà soggettiva dove tutto invece appare oggettivo e non interdipendente dalle proprie opere e omissioni. La morte sembra essere l'unica salvezza. Ancora un altro tentativo.

Come si può uscire dal nucleo?

Ti senti fragile e non sai quali scelte sono giuste, ma devi operare ogni scelta in autonomia anche perché questo libro non è un navigatore che ti indica quale strada devi fare. Il come puoi trovarlo esclusivamente tu, L'Equazione Del Tutto ti aiuta solo a capire cosa puoi fare e siccome la matassa da sciogliere è gigantesca quanto l'universo, conviene iniziare a liberarsi dalle bugie e dalle illusioni che devastano il mondo. Prima o poi arriverai a togliere tutto rendendoti conto che alla fine sarà rimasto solo il nulla, ma questo è impossibile perché nessuno potrebbe conoscere il nulla assoluto, sarebbe come dire che c'è silenzio ma rompendolo immediatamente una volta averlo detto.

Chi è che può dedurre che sia rimasto solo il nulla?

Una volta compreso profondamente che tutto è una finzione, allora si può lavorare seriamente sul come procedere.
Ricordati che è finta anche la forma di pensiero in cui la coscienza si identifica in te, così come è finta l'egregora chiamata di Dio, essendo semplicemente una forma di rifugio collettivo. Devi focalizzare le idee di libertà dell'esistenza sulla connessione sublime tra Coscienza e Spirito attraverso la mente, che finalmente non è più corrotta. Questo è già un livello visionario ma non impossibile da raggiungere.

Un'alternativa plausibile invece è il voler sentirsi dire frasi comode e facili, lasciandosi manipolare da un nuovo riassunto raccontato da credenze e illusioni, e portando di nuovo la mente a ricadere nella corruzione del male:

game over. Ma come sappiamo finché c'è respiro è possibile fare un nuovo tentativo.

Questa Rivoluzione è come una strada estremamente lunga e difficoltosa, se pensi possa esserti utile esistono diversi livelli per comprendere gradualmente L'Equazione Del Tutto. Per esempio, l'autore ha iniziato con infinite domande e dubbi giganteschi, ma ricorda che non si imita mai il percorso di qualcun altro: ogni individuo è un essere unico e irripetibile e tu non puoi compiere gli stessi passi di un'altra persona, semmai esiste un principio di collaborazione profonda che agisce a livelli quantici.

Quali sono questi livelli?

Il **primo livello** tratta un grande lavoro, ovvero smontare e smaltire tutta un'esistenza costruita su menzogne e inganni. Ogni cosa che conosci e in cui credi contiene solo una piccola parte di verità che non è affatto semplice da riconoscere, proprio per evitare di buttarla via insieme alle altre illusioni. *Piccolo consiglio: per iniziare questo lavoro può aiutarti la collana di libri:* **La via per il benessere**

È una storia in cui ci sono tante domande e grandi dubbi sull'esistenza. Al momento non è stata ancora completata perché è strettamente connessa con le altre collane, perciò è in attesa di nuove informazioni che permetteranno poi di procedere con il prossimo libro.

Il primo passo di questo livello servirà a sbloccarci e soltanto dopo sarà possibile procedere verso la direzione giusta, ovviamente il tutto deve essere una scelta assolutamente personale.

Se invece dovessi sentirti più a tuo agio puoi iniziare dal **secondo livello**, rappresentato da quattro manuali concepiti per allenare la mente umana a spingersi sempre più in profondità con coraggio e determinazione: *Guida essenziale per il viaggio della vita*. In questo livello si familiarizza con i principi che dovranno diventare gli automatismi buoni e che andranno a sostituire quelli radicati nella mente e corrotti da credenze sbagliate.

È determinante abituarsi a una nuova mentalità estremamente aperta, altrimenti sarebbe impossibile comprendere il funzionamento della formula dinamica del terzo livello. Prima di arrivare alla scrittura delle basi della formula dinamica l'Equazione Del Tutto, vi è un accorgimento molto importante da fare nel quale è presente una collaborazione al libro di Nina dal titolo: *Nel vortice della fede*.

In questo periodo è stato possibile perfezionare l'idea della formula dinamica, abbastanza complessa da concepire ma anche da utilizzare. L'Equazione del tutto rappresenta il **terzo livello** e fino a questo libro è stata la realizzazione materiale di sapienza umana più elevata, sia in termini di profondità e completezza che in termini assoluti. Questo è dato dal fatto che grazie a questo strumento è possibile apprendere tutta la conoscenza in modo autonomo, non è il classico metodo in cui bisogna imparare e ripetere a memoria, qui i risultati si creano e arrivano esclusivamente in base ai propri talenti e ovviamente all'impegno impiegato per raggiungere la libertà.

Ed eccoci al **quarto livello**, rappresentato appunto da questo libro che mette sempre più in pratica le teorie e gli esercizi dei primi tre livelli. Il campo di battaglia è il brevissimo tempo che si ha a disposizione, inoltre il corpo fisico è estremamente fragile, ma proprio per questo è determinante saper cogliere e cavalcare l'attimo fuggente per riuscire a superare in modo intuitivo ogni difficoltà. La coscienza ora è rinchiusa nelle credenze limitanti, che impediscono di espandersi e liberarsi da un loop di sofferenze inutili che ritornano a ogni generazione. Al momento sei tu il meglio che la coscienza può trovare, poiché puoi avvalerti dei dati informativi di tutto ciò che riesci a conoscere, ma soprattutto della sapienza sublime che può arrivare solo attraverso lo spirito di verità, convertendo così la mente.

Non esiste una generazione futura che potrà utilizzare al meglio ciò che hai saputo raccogliere: i frutti sono buoni, ma appartengono esclusivamente alla propria esistenza. Essi deperiscono e si trasformano in semplici dati informativi per un altro ciclo di vita/morte, dove tutto ricomincia praticamente da zero. La verità è un peso insopportabile ma è anche l'unica arma per riuscire a convertire la malvagità e l'egoismo radicati nella mente, altrimenti la presunzione di sapere troverà sempre un modo per fingere di non essere complice del male.

Tutto ciò viene chiamato adattamento, quando invece è solo menzogna.

Un altro tentativo.

Non esiste una vera guerra, il fotone, come già ripetuto più volte, prima o poi uscirà dalla sua prigione, pur sapendo che alla fine tutti riusciranno ad uscirci e nessuno si perderà mai d'animo. L'essere umano però è riuscito a rendere il suo nucleo una prigione relativamente confortevole in cui si è adattato e non sente tutto questo gran bisogno di liberarsi per sapere cosa andrebbe a scoprire oltre ciò che riconosce. Che sia giusto per alcuni o sbagliato per altri non ha importanza, poiché la coscienza vuole espandersi e vivere liberamente, altrimenti questa stessa Rivoluzione non esisterebbe.

Invece quest'ultima è qui, più determinata che mai a distruggere completamente questo mondo di illusioni e di inganni, affinché la presunzione di sapere non renda mai più l'uomo un essere arrogante e malvagio che si nasconde dietro una maschera fatta di buonismo. Proprio come lo stesso Dio che abbiamo inventato per fingere di voler salvare ciò che invece violenta nell'ombra.

Un altro tentativo.

Eccomi qui, solo nell'universo. Solo, contro l'universo.

Chi ha detto che l'universo è buono? Perché l'universo fa rinascere i cattivi invece di ostacolarli? Perché la verità non riesce a far prevalere le buone intenzioni? Perché la coscienza è così impotente e incapace di estinguere il male?

È arrivato il momento di mettere tutto in discussione, di gridare all'universo la tua colpa. Io non mi accontenterò di quel poco di buonismo, non voglio essere complice del male come lo è l'universo stesso. La coscienza rimarrà sempre l'unica capace di mettere ordine e di portare il peso della verità, mentre l'universo non è un'entità intelligente, ma solo il risultato del caos generato dalla mente umana. L'equilibrio tra male e bene rimarrà anch'esso solo una finta lotta, in grado di sostenere un mondo fatto di menzogne in cui ognuno è vittima e complice. In teoria la menzogna però senza la verità non potrebbe esistere, ma la verità può esistere senza la menzogna, eppure viviamo impotenti in un mondo devastato dall'assenza di verità, dove gli abusi di potere sono la conseguenza della presunzione di sapere.

Personalmente non cederò mai, anche se prima o poi mi troverò faccia a faccia con la morte, ma non sarò io a temere per la mia esistenza. Per quale motivo allora non riesco a vincere? Forse è solo una questione di tempo o forse la stessa Equazione Del Tutto è un'altra maledetta illusione.

Un altro tentativo.

Io non sono venuto qui per scommettere al
buio, ho sacrificato la mia vita in una ricerca
estremamente intensa e profonda, proprio
perché ho scelto la libertà. So che la strada è
dura e piena di ostacoli, la coscienza ha
lavorato incessantemente per portarmi fin qui,
sacrificando innumerevoli vite in tentativi tutti
falliti. Ma ogni fallimento è stato necessario
per trovare l'uscita. Probabilmente ogni essere
umano deve impegnarsi nel percepire la libertà
autentica e realizzarla contribuendo con i
propri talenti.
A questo punto una domanda sorge spontanea:
Chi è così tanto pazzo da sfidare l'universo?

Un altro tentativo.

Questa rivoluzione, tanto disperata da sembrare un'utopia irrealizzabile, sarà una lotta senza respiro.

Ma a cosa serve lottare e per chi?

L'umanità è come una massa di animali, felici di essere sfruttati in un allevamento intensivo e contenti di essere condotti al macello da chi dice di amarli. L'universo produce sì molte cose piacevoli, ma esse vengono ritenute tali solo da una mente corrotta, che è tarata per goderne i suoi frutti marci perfino anche quando hanno un retrogusto di sadismo. Tutto ciò viene indicato come sano egoismo, credere però che sia bello vivere anche senza la verità fa solo parte della famosissima presunzione di sapere.

L'universo è un campo creato per vivere inconsapevolmente un gioco fatto di inganni e abusi di potere, dove la mente stessa è carnefice e vittima in un loop temporale senza fine.

Un altro tentativo.

Cosa succede quando la coscienza porta a galla la verità? Per quanto tempo ancora l'uomo potrà subire l'inganno della menzogna che si racconta attraverso l'inconscio?

La morte non è l'ultima sfida, ma è solo l'inizio di una nuova vita in una nuova evoluzione.

Chi può vincere la morte se non la coscienza consapevole della verità? Chi può mettere ordine nel caos dell'universo, se non la mente che sposa lo spirito di verità?

L'intelligenza non raccoglie buoni frutti finché rimarrà corrotta.

Un altro tentativo.

Non arrenderti mai, la goccia della verità può
realmente distruggere la roccia delle illusioni.
L'universo ti chiederà amore per darti amore?
Sappi che l'albero si riconosce dai frutti e
proprio l'universo è capace di produrne
velenosi. Ma allora qual'è l'amore che può
donarci l'universo?

L'universo ti chiederà di perdonare tutto e tutti?
Sappi che perdonare il male significa essere
complici della sua esistenza.
Solo la verità è ordine, mentre il male è caos.

Un altro tentativo

Quale amore potrà dare l'universo, se esso stesso è una creazione distorta della mente corrotta?

Come già sappiamo senza spirito di verità la mente è la causa di tutti i mali, l'ignoranza è il caos che agisce nell'inconscio e la presunzione di sapere ne è il risultato.

Cosa possiamo fare allora? Chi può aiutarci?

Perfino quello che viene chiamato Dio è un nemico che si maschera da salvatore. Tutto l'universo si china alle regole di una mente che vive nella menzogna. Chiedere giustizia e pace a chi opera sistematicamente l'abuso di potere, non è assolutamente possibile e non esiste niente e nessuno oltre la coscienza: tutto è illusione distorta. Vivi e morti sono due facce della stessa illusione, così come il tempo e lo spazio, il male e il bene, eppure qualcosa deve accadere. La verità fortunatamente risveglia la coscienza e porta la mente oltre il velo degli inganni, dove lo spirito è puro e il coraggio è più forte della paura.

Un altro tentativo.

Nessun uomo può trasmettere la verità a un altro, ma può realizzarla e cambiare tutto, dando poi vita a quel che viene chiamato: effetto domino. La coscienza collettiva è come un vulcano che sembra spento, ma l'agire anche solo di una coscienza individuale può determinarne l'esplosione.

Un altro tentativo.

Miliardi di persone creano un caos inconsapevole, dove l'egoismo e l'ignoranza aumentano esponenzialmente la malvagità. Quasi tutti meriterebbero di morire solo per avere omesso la ricerca della verità, facendosi complici del male in cui l'uomo è caduto. Ma la Rivoluzione per la nuova Evoluzione non è concepita per uccidere: il male continuerà a rinascere sempre più forte, a tempo indeterminato. Perfino i testi sacri fanno parte della menzogna, l'apocalisse è solo l'atto finale di un altro inganno. Sistemi di controllo per continuare indisturbati i cicli della vita, dove l'inferno stesso è la vita sulla terra e il paradiso è la vana speranza nella morte.

Bisogna fare qualcosa, nessuno dovrebbe mai far parte di tutto questo. La Rivoluzione per la nuova Evoluzione è capace di realizzare l'impresa epocale: quella di non far rinascere mai più lo spirito di malvagità nell'uomo. Magari però lo spirito realizzato da quest'ultimo potrebbe anche possedere cose belle, ma certamente non buone, perché le ha sporcate con il sangue di innumerevoli innocenti. Il sacrificio indipendentemente dev'essere una scelta personale e completamente libera, non può avvenire per qualsiasi tipo di forzatura o tramite abuso di potere.

Un altro tentativo

Il tempo non è un giudice, ma è un mascalzone
che porta la morte a non avere una distinzione
tra il buon raccolto e la feccia dell'umanità. La
Rivoluzione sfida tale morte e di conseguenza
anche il tempo. Non è concesso perdere questa
battaglia, una battaglia contro il nulla,
altrimenti non avverrebbe nessuna Evoluzione.

In che modo è possibile vincere contro la morte?

Proprio qui è la risposta: nello spirito di verità, finora dormiente ma immortale. Soltanto la coscienza consapevole potrà essere in grado di svegliare questo spirito di verità. Essa dunque non sa ancora come fare ma almeno sa cosa fare.

Un altro tentativo…

A cosa serve questo libro?

La Rivoluzione per la nuova Evoluzione è una guerra estremamente dura, ci sono in gioco miliardi e miliardi di vite vissute in tutto l'universo e in tutti i tempi. L'esito verrà determinato a un livello che oltrepasserà la materia, la coscienza collettiva sarà travolta da una forza invisibile capace di cambiare la struttura della mente. Grazie a questo libro la volontà della coscienza sarà manifestata anche nel mondo fisico, non importa chi o quanti riusciranno a comprendere queste parole: la guerra si svolge nell'impercettibile, oltre la ragione della razionalità. Questo stesso libro inoltre è un sigillo, capace di contenere e appunto, oltrepassare l'inconscio.

Un altro tentativo.

Ora è tempo di battaglia, la verità è come un seme che bisogna proteggere e mettere nelle migliori condizioni per poter farla crescere e svilupparsi al massimo delle possibilità. La mente è il terreno fertile, lo spirito di verità è acqua e nutrimento che da forza e potere a questo seme, che effettivamente saresti tu. Questa è la tua storia e solo tu puoi scriverla, le tue scelte sono come una penna e grazie a loro potrai determinare gli eventi in tutto l'universo.

Nessuno ha un potere talmente forte in grado di comandare sulla tua vita, poiché il potere da te contenuto sarà in grado di contrastare ogni menzogna e ogni falsità, evitando così anche la presunzione di sapere. Le scelte degli altri sono solo voglia di controllare il tuo inconscio, invece le tue creano e plasmano.

Un altro tentativo.

In questo mondo non è possibile vivere liberamente, ognuno di noi lotta per la sopravvivenza come se ci trovassimo in una giungla selvaggia. Chi vince poi potrà imporre la legge del più forte, fatta di abusi e soprusi senza un minimo di compassione. Chi perde deve necessariamente subire, senza la possibilità di scegliere e di creare secondo i propri talenti. Chi sta nel mezzo invece vorrebbe essere neutrale, però per farlo bisogna accettare una vita di compromessi e rendersi inevitabilmente complici della malvagità umana, ciò consegue che chi potrebbe fare qualcosa di buono e non lo fa, è responsabile quanto chi commette il male.

Questo mondo fatto di inganni vorrebbe farci credere che esista un disegno divino, dove tutto è perfetto e dove prima o poi giungerà una giustizia assoluta, un evento che in verità non potrebbe mai accadere senza un'opera costante e intelligente. Invece coloro che vorrebbero fare cose buone vengono costantemente ostacolati fino all'annientamento: l'universo favorisce sistematicamente il caos, poiché comprende gli uomini e sono proprio loro a determinare gli eventi attraverso la mente.

In che modo potrebbe prevalere lo spirito di verità se gli uomini non lo vogliono?

Ecco perché è necessaria una Rivoluzione estremamente profonda dove solo la coscienza individuale potrà operare nell'inconscio collettivo. Sarà una guerra quasi impossibile da vincere ma non ci sono alternative che aiutino a non essere complici e vittime del male.

Un altro tentativo.

Sfidare l'universo non è mai stato il mio sogno, non avrei mai voluto mettermi contro una forza apparentemente infinita e che credevo fosse buona. È sempre bello sentirsi protetti e amati e al contempo è ugualmente meravigliosa la sensazione di donare e ricevere. Forse è proprio la vita ad essere così, o forse no, ma è esattamente questo il problema: io non posso fingere di non vedere, non posso ignorare la sofferenza e la malvagità insieme alla miseria e agli abusi di potere. Magari non potrò far nulla per tutto ciò, o magari sì.

Lo spirito dell'uomo è come se fosse lo sposo o la sposa del nostro corpo: segue le stesse paure e gli stessi desideri diventando un solo essere, ma a differenza del corpo, esso è immortale.
Un altro tentativo.

Se il mio spirito è immortale però significa che anche quello degli altri uomini non può essere ucciso e in effetti il male rinasce sempre. Ciò non significa comunque che io sono buono e gli altri non lo siano, poiché lo spirito è uno solo, così come è una la coscienza ed è una la mente. È l'essere umano stesso a percepirsi come innumerevoli individui, che apparentemente agiscono in modi, in tempi e in spazi diversi. Da qui entra in gioco la Sapienza, poiché questa Rivoluzione non può avvenire uccidendo con la forza fisica, ma estinguendo attraverso la mente.

Un altro tentativo.

Siamo stanchi di aspettare e di sperare in una via di uscita da questo inferno. Ci definiamo come una coscienza molto piccola e limitata, eppure sappiamo di essere molto meglio di quel che riusciamo a trovare per cercare di liberarci. Non siamo di sicuro un raggio di luce che continuiamo a fare tentativi senza stancarci e senza demoralizzarci e a volte vediamo la morte come una liberazione, ma sappiamo che non è affatto così. Non possiamo e non vogliamo arrenderci fino all'ultimo respiro e oltre.

Come riusciamo a liberarci quindi da questo sistema infernale?

Il nostro corpo è fragile, ha sete e ha paura. La nostra mente è colma di rabbia, ha sentito il profumo della libertà e non vuole altro che verità, ma questa verità non c'è. Mi piacerebbe personalmente poter credere che tutto possa risolversi dopo la morte, ma non può essere così. Nessuno è mai tornato dopo la morte e in molti non avrebbero mai lasciato le persone da loro amate in questa prigione infernale: se morire significa perdere la propria umanità e il proprio cuore, allora non si è più gli stessi.

Molti saggi hanno scavato nelle profondità dell'essere e sono arrivati fin qui, ma subito dopo aver trovato il peso della verità non riuscivano a fare più nulla, evidentemente non era ancora il momento giusto. Ora invece? Non lo so, ma non bisogna mai mollare. Posso definirmi migliore di tutti i saggi vissuti in ogni tempo? No, sono solo la manifestazione del buon raccolto che è stato fatto finora.

Un altro tentativo.

È il momento di fare un riassunto, per comprendere meglio come la coscienza sia potuta arrivare a questo livello mai raggiunto prima, anche se non è ancora abbastanza profondo per riuscire a liberarsi nell'immediato. Una visione rivela come lo spirito di verità agisce nell'inconscio collettivo, estinguendo le corruzioni di una mente ancora troppo fragile, ma per ora non esiste alcun riscontro di ciò a livello razionale, solo la fede nell'essenza umana può essere una sorta di bussola in mezzo a questo nulla.

Tutto per me è iniziato senza un motivo ben preciso, semplicemente non ero soddisfatto di come funziona la società, di tutte le ingiustizie e gli orrori che vengono commessi.

In che modo avrei potuto contribuire a risolvere questi enormi problemi?

Il mio talento innato è quello di scrivere, anche se non sono mai stato un poeta e nemmeno uno scrittore, piuttosto mi ritengo una sorta di ricercatore. Di conseguenza ho pensato di dar voce a tutto ciò che non funziona nel mondo, ma soprattutto di proporre delle soluzioni realizzabili oltre a delle teorie. Questo mi ha obbligato a osservare sempre più in maniera approfondita, focalizzando in modo costante i pensieri sulle frequenze più elevate che riuscivo a trovare attraverso la mente.

Non saprei dire se in quel momento sia scattata una scintilla, anche perché non me ne sono mai reso conto di quando e come sia potuto accadere, so solo che prima mi ritenevo una persona insensibile a principi che ora riconosco come fondamentali. Eppure questa sorta di scintilla è in grado di trasformare il malvagio in buono ed è una delle scoperte più importanti di sempre, la soluzione a tutto. Per questo ho cercato di capire a lungo come riuscire a farla attivare consapevolmente, sapendo che sarebbe stata in grado di illuminare la mente, convertendo i pensieri malvagi in sublimi.

Troppo bello per essere vero però, se fosse stato così semplice non saremmo arrivati a questo punto di follia, probabilmente saremmo già liberi e in pace. All'inizio del mio percorso c'erano infinite domande, moltissime delle quali superflue e a volte anche inutili, non avevo idea di quali fossero quelle giuste e ovviamente non avevo nessuna risposta. L'unico punto di partenza è stato l'essere riuscito a dedurre che quello che stavo cercando non era ancora stato scoperto, altrimenti non si spiegherebbe perché il male continui a dominare indisturbato, senza dare segni di una possibile fine.

Sulla terra sono vissuti esseri estremamente saggi e intelligenti, eppure il bene, all'interno dell'umanità, è sufficiente al fine di rimanere in un equilibrio perenne di sopravvivenza, necessario a mantenere in vita le sofferenze dell'uomo in questo inferno dominato dai malvagi.

Sarebbe stato meglio morire piuttosto, o forse ancor di più non nascere.

Invece eccoci qui, condannati in una prigione fatta di stenti e di abusi di potere.

Chi ha scelto di farmi nascere e perché?

In apparenza tutto avviene in modo casuale, ma in realtà ogni vita è il risultato di un caos senza controllo, generato dalla mente inconsapevole che agisce tra l'ignoranza e la presunzione di sapere. A questo punto è giusto chiedersi: Chi può dare un ordine se non la mente con la sua intelligenza? Oppure, perché la mente preferisce abbandonarsi all'entropia, invece di sacrificarsi e impegnarsi per vivere liberamente?

Non è un caso che le cose buone arrivano con il contagocce e vanno via in un lampo, mentre invece le cose cattive sono presenze perenni e incontrastate che si rigenerano spontaneamente.Perfino la natura stessa non è perfetta, ma è il frutto di un'eterna lotta per la sopravvivenza, dove va avanti chi prevale sull'altro senza alcuna presenza di compassione. La mente umana invece è talmente corrotta da riuscire a osservare la natura come una macchina meravigliosa senza difetti, mentre lo stesso principio di vita di quest'ultima è fondato su morte e sacrificio.

Molte civiltà antiche sono ammirate ancora oggi, eppure i loro tesori e monumenti sono stati ottenuti con aggressioni e schiavitù senza pietà.
Quante violenze vengono compiute nella miseria degli abusi di potere: orrori che ancora oggi gridano il loro bisogno di pace e giustizia, ma purtroppo risultano essere grida da sempre inascoltate. Tutt'ora gli uomini prevalgono i diritti degli altri con soprusi giustificati dalla presunzione di sapere.

Cosa possiamo fare quindi?

Triste ma vero, i buoni non si ritroveranno mai tutti insieme a lottare e vincere contro il male, poiché sono loro stessi a generarlo.

Ma serve per forza essere in tanti per sconfiggere la mentalità corrotta di miliardi di individui?

Il male stesso agisce attraverso una gerarchia con pochi individui che stanno al potere grazie a manipolazioni fatte di intimidazioni e violenze, ma all'apparenza come sappiamo si fingono buoni per controllare le masse. La Rivoluzione per la nuova Evoluzione ovviamente non può agire così: farebbe il gioco del male e andrebbe contro il suo principale obiettivo, ovvero quello di estinguere tale male, in modo che lo spirito di malvagità non possa più rinascere nell'uomo. Di conseguenza l'operato di ogni singolo individuo diventa determinante per la vittoria o la sconfitta, sono dunque le proprie scelte a stabilire l'esito di questa Rivoluzione epocale.

Un altro tentativo.

Quando ho iniziato non avevo molte aspettative; capendo che sulla terra hanno vissuto persone migliori di me in ogni settore, non sapevo come avrei potuto trovare una soluzione per il destino dell'esistenza. Gli scienziati e gli astrofisici osservano i meccanismi della natura e dell'universo, trovando soluzioni reali per rendere più comoda e più sicura la vita delle persone. Questo però funziona solo a livello materiale, che è molto più superficiale rispetto a quello dello spirito e della mente, difatti la comodità e la sicurezza abbiamo visto, causano più controllo che libertà.

L'intelligenza che serve per progredire in una nuova evoluzione non è necessariamente quella razionale, anzi è necessario considerare che con la logica matematica l'uomo non è mai riuscito a liberarsi dai mali che gli impediscono di essere in pace, mettendo ogni individuo sullo stesso livello: non esiste una scuola per imparare ciò che non è ancora stato scoperto. Fin dall'inizio quindi sapevo bene che tutto dipende dal concentrare la propria intenzione verso ciò che è buono e dalla volontà costantemente focalizzata sulla ricerca.

Usare la già citata legge dell'ottava per gestire al meglio gli inevitabili alti e bassi, può diventare una goccia che scava la roccia, e inoltre può riuscire a realizzare la Rivoluzione per la nuova Evoluzione, allenando corpo e mente a una resistenza inimmaginabile nei momenti più duri. Al contempo invece immagazziniamo il potere puro da convertire in Sapienza, durante i brevissimi attimi di ispirazioni sublimi.

Un altro tentativo.

Nonostante questa consapevolezza, resta estremamente difficile avere fede nella verità: poiché il mondo è completamente fondato sulla menzogna e tutti i riscontri razionali lasciano la coscienza sola contro l'universo.
L'urgenza dei sensi corrompe incessantemente la mente, ed è proprio lei ad essere la stessa spinta e il modo in cui si porta avanti l'esistenza, ma è una grandissima energia senza ordine e senza controllo.

La coscienza non è ancora abbastanza grande per comprendere un principio estremamente profondo, nella sua prigionia non ha avuto modo di esprimere i propri talenti attraverso gli individui in cui si identifica, così facendo non ha potuto espandersi come avrebbe voluto. Per farlo è necessaria la libertà autentica, che la mente può trovare esclusivamente attraverso l'unione con lo spirito di verità, con il coraggio dell'amore e l'intelligenza della sapienza.

Durante il percorso che permette di arrivare a questo livello di consapevolezza, mi sono fatto infinite domande, ho dovuto sperimentare personalmente le risposte dell'uomo ai paradigmi e alla ricerca esistenziale.
Ora porto il peso della verità, in un mondo dove nessuno vuole ascoltarla anche se dice di volerlo fare.

Esiste davvero qualcuno disponibile a vivere con l'inferno dentro?

Conoscere la verità per l'uomo significa essere stupidi vanitosi, oppure presuntuosi illusi. Gran parte degli uomini sono convinti che non esiste una verità comprensibile per la mente e quindi preferiscono non rinunciare ai loro attaccamenti per trovare la libertà: credono nel nulla, in un essere superiore. Però poi gli stessi uomini agiscono con l'abuso di potere, non si fanno problemi a imporre idee create dall'ignoranza e dalla presunzione di sapere.

Questi uomini vanno condannati per le loro omissioni o perdonati per essere stati ingannati?

Poiché la coscienza è una il problema non esiste nemmeno, c'è il buon raccolto e ci sono gli scarti da convertire.

Un altro tentativo.

Cos'è esattamente il buon raccolto? A cosa serve?
In base a cosa vengono stabiliti gli scarti e come vengono convertiti?

Lungo il percorso è stato rivelato che non esiste un giudizio come lo concepisce l'uomo, poiché le azioni e le omissioni buone o cattive fanno parte di tutti gli esseri umani e a dirla tutta non è nemmeno un discorso di quantità, ma piuttosto di qualità.

Questo accade da sempre, le scelte avvengono inconsciamente in modo caotico e inconsapevole, in modo tale che la vita si faccia strada con la legge del più forte o del più adattivo: gli eventi non sono casuali, vengono determinati alla meglio possibile attraverso le energie del momento ma con lo standard dei limiti di una coscienza ancora molto piccola, quindi senza un ordine guidato con sapienza e maestria.

In sintesi, si ritorna al classico problema a cui la scienza non può rispondere: la realtà è oggettiva come sembra, oppure è soggettiva come indicano le intuizioni profonde?

La mente è determinante ma lo è anche il corpo essendo più immediato, perciò è naturale che la realtà fisica sia più accreditata rispetto alle idee e alle teorie. L'Equazione Del Tutto è stata concepita proprio per mettere in pratica le idee sublimi che arrivano attraverso la mente, ma per farlo è necessario trovare la libertà, che si realizza solo dopo avere compreso e accettato la verità. Un conto è dirlo, ma farlo è praticamente impossibile finché non si cambia mentalità, cosa che non è mai accaduta finora perché non c'è mai stata ombra di volontà. Certamente non può avvenire né per caso né per trascorrere del tempo, ogni cambiamento è determinato da una scelta, pur essendo essa inconsapevole e incontrollata.

Questo principio è anche una sorta di spiraglio per aprire una nuova possibilità: chi l'ha detto che per riuscirci è necessario che tutti o la maggior parte degli individui debbano cambiare mentalità? In verità può bastare una piccolissima consapevolezza per convertire l'inconscio collettivo e di conseguenza la coscienza. In apparenza è solito dire che più si è e più sembra facile, ma a livello profondo soltanto chi accetta la verità parla la stessa lingua della libertà, quindi chi non è con la verità è contro la verità.

Un altro tentativo.

A volte mi chiedo come sia possibile che io sia diventato così forte nonostante tutti i miei difetti e allora mi chiedo in che modo potresti diventarlo anche tu? Le proprie fragilità non potrebbero mai avere il coraggio della verità: c'è sempre un pretesto o una scusa per trovare qualcosa o qualcuno più adatto per realizzare qualcosa che sembra essere impossibile.

Come superare le paure e i dubbi della mente umana?

La verità da sola non è sufficiente, non è in grado di entrare nei propri automatismi e viene sistematicamente sopraffatta dalla logica razionale di una mente ancora corrotta.

La Rivoluzione per la nuova Evoluzione non è un semplice testo ma è la manifestazione della verità in questo mondo fisico. Leggere queste parole non significa valutare o condividere le idee dell'autore, ma è un tentativo della coscienza di liberarsi attraverso la verità, utilizzando esclusivamente i talenti di chi legge e non quelli di chi sta scrivendo. L'energia contenuta in questo libro può essere infinitamente potente, come lo è anche ogni atomo del corpo fisico, ma per rendere al massimo dev'esserci l'unione con la mente liberata dallo spirito di verità.

Un altro tentativo.

C'è un'energia immensa che spinge incessantemente ogni cosa nell'universo e soltanto la coscienza può viverla consapevolmente in modo dinamico. Ovviamente non deve controllarla poiché l'amore puro ha bisogno di essere libero.

Questo stesso libro alimenta tale energia e al contempo ne approfitta per togliere ancora un po' di inconsapevolezza alla coscienza: una danza eterna di speranza dal principio alla fine, fino a quando la verità riuscirà a sconfiggere questo universo fatto di illusioni, per respirare il senso della vita dalle ferite ancora aperte.

Un altro tentativo.

Se la coscienza desidera una rivoluzione significa che non è libera, se poi la farebbe anche a costo di sopraffare la propria esistenza allora qualcosa è andato davvero storto. È vero che io, nonostante il mio punto di vista, sia l'unico individuo a dimostrare l'esistenza della coscienza, proprio per questo infatti sono considerato da tutti gli altri un piccolissimo frammento di un insieme enormemente più grande.

Eppure non mi è mai stato riconosciuto lo sforzo di volontà per liberare la vita dal male e dalla sofferenza che percepisco nell'umanità. L'unica cosa che conta in questo mondo di menzogne è la riuscita di un'idea, ma viene abbandonata a se stessa finché non si realizza. Dove è finito lo spirito di unità e collaborazione per realizzare insieme un cambiamento epocale sia per l'uomo che per tutta l'esistenza? Possibile che prevalgano sempre e solo le paure umane sul coraggio di una sfida sublime?

Più alto è l'obiettivo e più grande dev'essere tutto quello che serve per raggiungerlo, è necessario quindi mettersi completamente in gioco con il coraggio dell'amore e l'intelligenza della sapienza.

Ancora un altro maledetto tentativo.

In una guerra normalmente si vince quando il nemico viene ucciso o si arrende, invece nella Rivoluzione per la nuova Evoluzione questo non è sufficiente. Il nemico non può arrendersi e non può nemmeno convertirsi: il buono è già dentro ogni individuo e deve esclusivamente essere individuato per non disperdere la bellezza nella nuova Evoluzione. Il resto che non appartiene alla parte buona è quella che corrompe la mente attraverso i vizi e le fragilità del corpo fisico, altrimenti non vivremmo in un mondo perennemente dominato dal male, il quale non è sufficiente ucciderlo, perché rinascerebbe sempre più forte, invece è necessario estinguerlo alla fonte, in modo che la mente possa liberarsi e creare una realtà attraverso idee sublimi.

Non è affatto semplice da realizzare è vero, altrimenti l'avrei già fatto personalmente io nell'individuo in cui mi identifico e in tutti quelli che mi hanno preceduto. Nell'universo nulla è un caso, ma questo non determina che ci sia un'intelligenza buona e potente a comandare il tutto e che guida l'esistenza, dando la consapevolezza di migliorare con il tempo.

Come abbiamo visto in precedenza invece è tutto stabilito in modo caotico e incontrollato, esattamente come l'inconscio che controlla una mente non ancora in grado di mettere ordine. Tutto subisce l'effetto dell'entropia, l'esempio più evidente è sicuramente il tempo, ma ogni cosa poi tende a indebolirsi e invecchiare fino alla morte.

Come è possibile determinare le leggi universali se l'uomo non sa neanche chi sia? Ognuno cerca soprattutto il proprio tornaconto personale, che sia per evadere da una noia infinita o per soddisfare le nostre esigenze e curiosità, ma chi si prende realmente la responsabilità di ciò che accade? Tutti sanno che l'uomo è egoista e malvagio, ma alla fine chi fa realmente qualcosa per cambiare il mondo di cui fa parte?

Essere tiepidi e neutrali equivale a essere complici e servi del male, ma ci sono ancora molti individui che non sanno cosa poter fare, o peggio...che credono di fare sempre del loro meglio. Eppure nessuno conosce la verità proprio perché non la vogliono ascoltare, perché non la vogliono accettare!

Qual è questa maledetta verità?

La verità è che l'uomo non vuole sacrificarsi per un bene superiore. La verità è che l'uomo non vuole rinunciare ai propri attaccamenti. Prima i figli, i parenti, gli amici. C'è chi fa stare bene il proprio cuore e la propria mente e chi se ne frega del resto, tanto è solo destino come si suol dire e non ci si può far nulla.

Invece non è così.

La verità è che il destino è fatto di scelte e nulla avviene per caso.

Ma allora è forse un male pensare al proprio benessere e quindi anche a chi ci fa sentire bene? È un male volersi sentire parte di qualcosa, amati e protetti?

Il male è volerlo solo per se stessi e rimanere fermi davanti all'orrore che è diventato l'essere umano e lo ripeto: Chi non è con la verità è contro la verità. Non esistono compromessi e non ci sono vie di mezzo o scorciatoie.
La verità è sacrificio, è fatica, è dolore, ma porta alla libertà di tutta l'esistenza.

L'Equazione Del Tutto è lo strumento per trovare in automatico la verità assoluta, che non è la mia e nemmeno la tua. La verità è un linguaggio universale, non ci sarà più bisogno di confrontarsi e di comprendere le idee dell'altro, poiché comunicare diventerà più veloce del pensiero stesso.
Questa è l'autentica magia, collaborare nell'unità per la libertà di tutti gli esseri viventi.
Entusiasmo: non esiste potere più grande di

questo, e solo l'intelligenza di una mente libera
può realizzarlo.

Un altro tentativo.

Non arrenderti mai!

Un'idea è già una magia, nel momento in cui due persone confrontano le loro idee, non soltanto le scambiano ma le raddoppiano, così facendo da un'idea si passerà ad averne due. Questo principio è fondamentale per comprendere che non bisogna mai tentare di imitare un'altra persona che sembra essere migliore. Quando si osservano i concetti dei più grandi della storia, non bisogna soltanto ammirarli e studiarli, ma è necessario fondere questi principi con le idee concepite e con i propri talenti.

Questo lavoro ovviamente va fatto con l'intento puro di ricercare la verità, aiutandosi con i meccanismi della formula dinamica dell'Equazione Del Tutto, per avere una prospettiva sempre più profonda e vicina alla verità. Io, come autore di questo libro, non ho la presunzione di insegnare niente a nessuno poiché la coscienza è una e la mente è una e sono consapevole del fatto che l'unica speranza è unire le idee per crearne una nuova e potente.

Non so se ritenere una cosa buona l'apparente divisione in tanti individui, certamente potrebbero esserci modi migliori per affrontare noia e solitudine di una coscienza che vuole sentirsi viva. Ognuno di noi qui ha la possibilità di trovare la verità, ma per farlo è necessario tornare all'origine poiché il vero mistero dell'eterno infinito sta nel principio. La vita terrena è troppo breve invece, cento anni volano via non dando neanche la possibilità di completare un percorso di guarigione, portando così le opere buone compiute ad essere estremamente più fragili delle omissioni.

Chi ha voglia di mettere nella ricerca della verità tutto il proprio coraggio e una costanza incessante, fino all'ultimo respiro? Chi vuole scegliere di rinunciare a ciò che calma i sensi e la mente, per buttarsi nell'ignoto di un percorso ancora da creare e che pretende immediatamente dolorosi sacrifici, pieni responsabilità?

Risulta sicuramente più semplice trovare qualcun'altro che si mostri più capace; affidarsi a chi si ritiene essere la migliore alternativa per ricavarne il più possibile e al contempo perdere il meno possibile.

Ma è davvero così bello restare in disparte al sicuro a godersi lo spettacolo della propria vita controllata da altri? A cosa serve essere tiepidi se per plasmare la vita è necessario il fuoco della propria passione?

Ogni individuo ha le stesse possibilità di cercare la verità e le stesse probabilità di riuscirci, nessuno è migliore o peggiore di un altro. Tutto ciò che siamo viene determinato dalle proprie scelte e in ogni momento è possibile cambiare, anzi è impossibile non cambiare poiché tutto è in perenne movimento. Il cambiamento di conseguenza può essere consapevole o incontrollato, dipende dalla propria volontà e dall'intenzione di trovare e raccogliere realmente i frutti buoni della vita.

Un altro tentativo.

I risultati della logica razionale sono evidenti, ci sono alcune cose buone e a volte perfino belle, ma niente può comunque giustificare l'orrore che compie l'uomo senza provare alcuna pietà, come non può essere giustificata la complice indifferenza della maggior parte degli uomini. Con il male non è possibile fare compromessi e non è possibile sperare che possa convertirsi, l'unica alternativa è una Rivoluzione estremamente profonda e cruenta.

In apparenza la Rivoluzione per la nuova Evoluzione è innocua e pacifica poiché non usa armi e non usa violenza, ma in realtà è capace di causare consapevolmente un'estinzione di massa e resettare l'esistenza per un nuovo principio. Finora ogni guerra si è conclusa con accordi vergognosi per tenere quei pochi al potere sui molti, ma anche noi siamo responsabili per aver accettato tutto ciò, continuando a subire.

Inoltre tra i popoli in molti sfogano le proprie debolezze sui più deboli e i più sfortunati, approfittando della posizione ottenuta in una società gerarchica che usa metodi di tipo mafioso. Come è nel piccolo, così lo è anche nel grande. Non esistono peccati di poco conto, poiché ogni scelta viene proiettata su scale molto più grandi e può diventare devastante. Per questo è necessario ri-conoscere la verità e accettarla, anche perché ognuno agisce tramite azioni che si traducono in scelte inconsce.

Non bisogna mai aspettare che lo facciano prima gli altri: il tempo di scegliere è soltanto quello presente, esistere è adesso e non c'è un passato o un futuro in cui è possibile agire. Bisogna ovviamente ricordare che chi non è con la verità è contro la verità. Chi non vive per servire la verità non serve per vivere, chi non raccoglie i frutti buoni attraverso la verità si disperde.

La verità non ha compromessi, non ha diverse prospettive o visioni differenti e non conosce accordi con le menzogne. Non esistono neanche mezze verità. Questo non significa che ogni uomo dev'essere perfetto, poiché la perfezione stessa è una bugia che la mente racconta a sé stessa per difendersi dai propri errori. Non è l'uomo che deve adattarsi al mondo, ma è la natura che avrebbe dovuto essere come un vestito fatto su misura per l'esistenza della vita cosciente. Invece i sensi ci danno l'incessante percezione di dover sopravvivere con fatica e affanno, corrompendo la mente che diviene schiava di paure e desideri.

Un altro tentativo.

La mente e il corpo sono solo strumenti al servizio dello spirito? Chi decide tra coscienza e spirito? E che ruolo hanno nella vita corpo e mente?

L'uomo cerca sempre di capire chi o cosa è più importante, ma lui stesso in realtà è un insieme pensante in cui ogni parte ha un suo valore. Certamente potrebbe sopravvivere anche senza alcune di queste parti, ma non riuscirebbe poi a esprimere pienamente il proprio essere attraverso i propri talenti.

È inutile catalogare e sapere a cosa serve ogni singola parte, quando è evidente che l'insieme non funziona come dovrebbe, ma è come un gioco di squadra dinamico e intuitivo, quando una singola parte ha problemi ne risentono tutti: ognuno deve darsi da fare per vedere cosa non va, ma deve farlo per sé stesso e non sono nella parte che sembra non funzionare.

Che importanza ha sapere a cosa serve la mente se tanto non la si usa come si potrebbe?

Se si utilizzasse la mente nelle sue piene potenzialità, non ci sarebbe nemmeno bisogno di farsi queste domande così superflue e inutili, non ci si chiederebbe la differenza tra spirito e anima, o tra mente e coscienza.
L'uomo si pone una quantità assurda di domande completamente inutili ai fini della verità e della libertà, ma servono solo a soddisfare curiosità date dai bisogni umani, che tendono a sopravvivere al meglio e non tendono mai verso una vera evoluzione sublime per l'esistenza. Tu sei in grado di scegliere attraverso corpo e mente. Tu sei la coscienza che sceglie che tipo di spirito essere.

Un altro tentativo.

Puoi farlo esclusivamente tu, poiché questa è la tua storia.

Chi sono allora io per te? E tu chi sei per me?

L'altro rappresenta la manifestazione di una parte inconscia, potrebbe essere migliore o peggiore dei propri comportamenti, ma in entrambi i casi insegna principi fondamentali per raggiungere la libertà della coscienza. A livello di corpo fisico potrebbe anche ucciderti, ma come abbiamo scritto in precedenza invece lo spirito è immortale, quindi chi può vincere una battaglia tra esseri che non possono morire?

La proiezione di questa battaglia fra spiriti è già in corso e si manifesta nella realtà materiale, dove è evidente che gli spiriti malvagi prevalgono sistematicamente sulla pochissima parte di buono che è nell'uomo. Tutto poi si ripete perennemente in una sorta di loop temporale che potrebbe essere infinito attraverso i cicli della vita. Questa è la proiezione della battaglia spirituale a livello dell'umanità, composta da innumerevoli individui che all'apparenza appaiono divisi, ma si sa però che nella realtà profonda esistono solo una mente e una coscienza e di conseguenza anche un solo spirito.

Ma allora per quale motivo nell'uomo accade questa apparente divisione? E che differenza c'è tra buono e malvagio se alla fine è tutto uno?

Per comprendere meglio è necessario osservarne i meccanismi dal punto di vista individuale, poiché tutto l'insieme di persone è la proiezione dell'unità attraverso l'inconscio. Di fatti nella propria mente in ogni momento si svolge una vera e propria battaglia fra spiriti, per stabilire la scelta da farsi ad ogni decisione che bisogna prendere: decisione però che avviene solo all'ultimo momento e molto spesso invece la scelta si attua ancor prima del pensiero, ovvero negli automatismi dell'inconscio.

Come è nell'umanità, così è nel singolo: gli spiriti dell'egoismo prendono quasi sempre il sopravvento, sapendo che il campo di battaglia è il corpo fisico con tutte le sue fragilità, e danno l'impressione di imporre urgenze anche quando si dovrebbero fare scelte a favore dei buoni intenti.

Il resto è storia, che non è falsamente gloriosa come quella che scrivono i vincitori: l'ignoranza e la presunzione di sapere rendono anche in questo caso l'uomo sempre più malvagio e sempre meno libero, così facendo l'abuso di potere è diventata un'arma per ferire, ma al contempo anche per ferirsi, pur se a un livello più profondo e impercettibile ai sensi fisici. Ma torniamo alla battaglia fra spiriti immortali.

Cosa rende uno spirito più forte di un altro? In che modo si determina quale personalità prevalga nella costante scelta presa consapevolmente o meno?

A livello superficiale ovviamente prevale l'apparenza ed è normale che sia così, non a caso le decisioni sono molto spesso sbagliate, di conseguenza l'uomo è sempre più vittima e carnefice della sua stessa esistenza. Ma a livello profondo lo spirito verità è il più potente in assoluto, non perché gli altri spiriti riescano a riconoscere i propri errori, ma perché la verità porta consapevolezza, diventando forza e coraggio, capace di imporre su tutta la propria volontà il diritto di essere libero.

Ancora un altro maledetto tentativo.

**Perché lo spirito di verità non prevale?
Perché nonostante la grandissima volontà e
il coraggio di essere liberi, tanti uomini
hanno perduto la vita senza essere riusciti a
cambiare nulla?**
Essere libero sarebbe un sacrosanto diritto
dell'uomo e di chiunque vive, ma chi agisce
con l'abuso di potere limita questo diritto agli
altri e non c'è nessuno a difendere i più deboli.
Ecco la parola magica: difendere. Chi può
difendermi da qualcosa che è nel mio
inconscio?

Attenzione, non si tratta di immaginazione
creata dalla nostra mente, perché anche la
realtà fisica è autentica e può diventare molto
dolorosa. Il punto è che il problema va risolto
ancora prima che possa manifestarsi, ovvero
dal principio. L'Equazione Del Tutto è lo
strumento per trovare la verità, la mente così di
conseguenza può divenire estremamente

coraggiosa e capace di difendersi da qualsiasi evento.

Quando si è abbastanza consapevoli di tale verità, saranno appunto proprio gli eventi stessi a manifestarsi nel verso giusto, in modo che la coscienza possa espandersi sempre più e raccogliere i giusti frutti. Sarebbe un vero peccato sprecare quanto di buono ha ottenuto l'uomo finora: nonostante sia relativamente pochissimo rispetto alle malvagità compiute, la bontà al contrario, può essere talmente forte da riuscire a fondare le basi per una nuova evoluzione.

Ma la nuova Evoluzione potrà realizzarsi soltanto quando la mente e la coscienza potranno vivere in un mondo libero; che questa cosa sia vista in maniera positiva o negativa ,dipende da te e da me insieme, da quello che la coscienza riesce a comprendere attraverso il sacrificio, la volontà e l'entusiasmo dell'uomo.

Un altro tentativo.

Cosa potrebbe ancora non funzionare, nonostante entrambi abbiamo la volontà di essere liberi e di rispettare il punto di vista dell'altro?

Manca la fede nell'essenza umana. Manca l'intelligenza della sapienza. Manca il coraggio dello spirito di verità. Manca la bellezza dell'entusiasmo. Manca la forza del vero amore.

L'uomo potrebbe avere tutte queste qualità, ma preferisce piuttosto dare peso al giudizio, al dubbio, all'incertezza, alla paura. Il senso di impotenza amplifica le fragilità umane, la mente consuma le energie per difendersi dai propri concetti e dalle proprie credenze, invece di creare in quel tempo libero che ha a disposizione. La presunzione di sapere come è facile intuire impedisce di fatto una ricerca estremamente profonda e incessante.

Come uscire da questa situazione di stallo? E tornando al principio già citato prima... chi è in grado di liberarmi da un qualcosa creato dal stesso mio inconscio?

È un po' come nei sogni: nonostante si è in grado di poter controllarli e fare qualsiasi cosa, anche durante esso si manifestano paure e desideri con lo stesso senso di impotenza esistente nella realtà fisica. Quindi è necessario agire come quando si realizza un videogioco o un programma per
computer: le caratteristiche possono essere modificate esclusivamente durante la scrittura dei dati, mentre dopo il tutto accade in modo prestabilito e ci si deve sottostare a quelle determinate regole.

La verità come sappiamo agisce consapevolmente a livello inconscio, proprio quando è possibile modificare i desideri e le paure della mente prima che quest'ultima possa essere corrotta. È molto difficile da realizzare, per questo finora nessuno ci è mai riuscito, ma ciò non implica che sia impossibile e non si conoscano quali caratteristiche debba avere chi è in grado di riuscirci. Se questa è la tua storia è ovvio che soltanto tu potrai almeno fare un tentativo, ma soprattutto raggiungere il tuo obiettivo se credi in te stesso.

Se invece credi che questa non sia la tua storia non ha molta importanza, puoi comunque fare la tua parte a modo tuo ed essere determinante tramite i tuoi talenti, al fine di costruire insieme un'esistenza migliore e fermare chi compie atti malvagi. Non è possibile aiutare i deboli e gli indifesi non avendo all'interno di noi la giusta forza, in verità non esistono neanche i deboli e gli indifesi, esistono solo persone inconsapevoli che non hanno fatto un percorso di ricerca della verità.

Chiunque può essere invincibile e incorruttibile a livello spirituale: è vero che molti non hanno l'opportunità di fare un percorso di crescita interiore, però è anche vero che la grande maggioranza delle persone può ma non lo fa.

Essere forti e incorruttibili significa saper lottare e riuscire a vincere contro il male, non accettare la morte e togliere il velo in una sorta di tana libera tutti. Non si tratta di giocare a fare gli eroi per essere ammirati dall'umanità, qui c'è da realizzare qualcosa di immensamente più importante rispetto che al soddisfare il nostro ego: tutta l'esistenza dipende da questo e dalle scelte fatte in questo momento.

Non arrenderti mai!!

Un altro tentativo.

Non pensare a come si può fare, piuttosto trova il modo di liberarti dai pesi che ti impediscono di avere una mente agile.

Quali sono questi pesi?

In effetti nell'inconsapevolezza è difficile riconoscere le pochissime cose buone, quelle che davvero avvicinano allo spirito di verità, quindi per non sbagliare devi eliminare tutto: qualsiasi attaccamento, ogni cosa, anche quelle che ci fanno sentire amati e protetti.

Perché fare questo sacrificio? E in che modo è possibile eliminare ogni attaccamento a cui si è fortemente legati?

In verità sacrificio non sempre significa fare una totale rinuncia.
Eliminare quindi in questo caso non è inteso come togliere tutto dalla propria vita, ma mettere il giusto da parte per riuscire a pensare con la mente libera, fino a intuire la verità con entusiasmo. Soltanto in un secondo momento sarà possibile comprendere cosa è buono e cosa no, avvicinandosi sempre più alla verità profonda.

Per realizzare la Rivoluzione per la nuova Evoluzione è necessario imparare prima a difendersi e al contempo rinforzarsi, altrimenti ogni tentativo di attaccare il male senza una adeguata preparazione equivale a un suicidio. Un suicidio senza morte, ma nel quale si diviene inevitabilmente complici del male. Tutti sogniamo fin da bambini che vinca il bene proprio come nelle favole, eppure nella realtà non è affatto così, evidentemente moltissimi credono di non essere dalla parte del male ma invece si sbagliano .

Essere inconsapevoli è una colpa?

Sì, anche se i sensi di colpa sono un'arma utilizzata dal male, piuttosto è un'omissione, per aver rinunciato a prendersi una propria responsabilità. La ricerca della verità non può fermarsi alla presunzione di sapere o all'ignoranza, visto che la mente dell'uomo ha un potenziale infinito L'essere umano non è fatto per vivere come bruti. Fermarsi all'urgenza dei sensi fisici significa mettersi a livello degli animali. Chi resta indifferente o si fa soggiogare dalle paure e dalle fragilità non è degno di una mente così complessa.

Chi opera dunque le scelte coscienti?

Non esistono scuse o pretesti sufficienti a giustificare le azioni malvagie dell'uomo. Questa Rivoluzione è una vera dichiarazione di guerra, poiché è l'unica alternativa alla schiavitù: nessun compromesso e nessun perdono, il male deve essere estinto a qualsiasi costo e soprattutto non deve rinascere mai più. Questo è tempo di Rivoluzione per la nuova Evoluzione e ripeto: chi non è con la verità è contro la verità.

E dopo tantissimi tentativi torniamo al maledetto punto di partenza:

Quali sono le qualità di un ipotetico Dio secondo l'uomo? La bontà e la giustizia? O la saggezza e la sapienza?

No, il potere.

È il potere che permette di stabilire cosa è bene e cosa è male pur non essendo la verità, inoltre è abbastanza oggettivo il fatto che sia l'unico elemento ad essere riconosciuto dagli individui. Da una parte però è anche vero che in questo mondo materiale si può abusare del potere che si è acquisito, attraverso l'inganno e la manipolazione delle fragilità del corpo fisico, con la forza bruta e con la cieca obbedienza dei molti stolti sui pochissimi saggi che vorrebbero essere liberi.

In questo mondo infernale si può assaporare la libertà solo attraverso le ferite degli orrori compiuti dall'uomo, sperando che tutto vada bene e che le coincidenze universali favoriscano alla mente la possibilità di immaginare di essere liberi, tanto quasi da portare l'uomo a crederlo davvero attraverso l'auto suggestione. Ma la libertà non esiste senza verità e qui viviamo in un mondo di menzogne.

Come si acquisisce dunque il potere di cui parlavo prima?

Lo spirito di verità non influenza gli altri con il proprio carisma e non è un caso che i malvagi riescano facilmente ad avere consensi di massa perfino con slogan stupidi e assurdi. Ci ritroviamo fermi davanti a un muro invalicabile, ma al contempo però torniamo al punto di partenza: come può un singolo individuo avere il potere di estinguere il male radicato in miliardi di esseri?

Non stiamo parlando di giudicare ogni individuo uno a uno per salvare o proteggere i buoni e non esistono possibilità di fare compromessi: tutti gli uomini hanno una parte di male, ciò significa che ognuno si prende le proprie responsabilità. Di nuovo… chi non è con la verità è contro la verità e deve essere estinto in quanto complice del male attraverso le proprie scelte. La coscienza è abbastanza intelligente e sapiente da non sprecare il buon raccolto presente in ogni uomo e anche risultando come una piccolissima parte, è comunque determinante ai fini della Rivoluzione per la nuova Evoluzione.

Se siamo arrivati a un muro invalicabile forse abbiamo sbagliato strada, d'altra parte anche i saggi hanno trovato il nulla in qualche loro percorso di crescita interiore. In tal caso potrebbe essere che l'uomo ha dei limiti che non può superare, oppure più semplicemente la vita è solo questa. Magari avremmo dovuto accontentarci di vivere con quello che ci dà l'universo, godere del bicchiere mezzo pieno e dar pace alla nostra mente. D'altrocanto sei un essere umano e non un fotone e questo ti dà il privilegio di scegliere. Nessuno ti giudica se ti arrendi nel momento in cui non ce la fai più, hai il diritto di esprimere i tuoi talenti come meglio credi.

Per chi volesse ancora continuare… un altro stramaledetto tentativo.

Io in quanto coscienza ho deciso di non voler morire, poiché è necessario andare oltre ogni illusione per realizzare questa Rivoluzione estremamente profonda. La morte può essere ancora vista come una sorta di liberazione, ma è proprio nei momenti più caotici però che si può plasmare la vita, perciò è determinante resistere e focalizzare l'attenzione sul legame indissolubile tra mente e spirito di verità, focalizzandoci su come trovare la forza da trasmettere anche al corpo fisico ,unità dell'essenza umana.

Abbiamo visto nella storia dell'umanità come gli spiriti malvagi prevalgono grazie all'imporsi sugli altri, essi dunque sono molto potenti e hanno il supporto di innumerevoli spiriti deboli che li seguono. Questa Rivoluzione invece può contare esclusivamente sulla verità: l'unica ad essere inascoltata e inaccettata, mostrandosi apparentemente debole e sola.

A livello spirituale però quanto potere ha realmente il consenso degli altri che vivono nella menzogna?

In ogni uomo esiste il male come esiste anche un fondo di verità: ecco la scintilla che deve illuminare la mente, che può espandere la coscienza collettiva. Tu hai l'opportunità di accendere quella scintilla, di far scattare un effetto domino sull'intera esistenza fondata sulla menzogna. A te la scelta.

Ancora un tentativo.

Allora cos'è questa verità?

In questo libro sono scritti dei principi che farebbero tremare l'universo se dovessero realizzarsi, ma se non dovesse accadere nulla queste parole sarebbero considerate come stupide e ridicole.

Il potere quindi è verità? Eppure non sembra essere determinato da quest'ultima. L'unico potere che si possiede è quello che viene riconosciuto dagli altri. Chi trova la verità crede nell'essenza umana, nell'unione tra mente e spirito attraverso il corpo fisico, inoltre essere consapevole significa che gli altri sono il riflesso dell'inconscio, dei dubbi e delle paure che da sempre pesano nel DNA dell'uomo.

Una sfida: lo spirito di verità contro la presunzione di sapere. Nessuno può morire, ma uno deve prevalere sull'altro. Individui che tentano costantemente di vivere la tua storia. A questo punto a chi credi vadano le tue scelte? E in tal caso a cosa serve dunque la verità?

Un altro tentativo.

Come si può non sbagliare nel distinguere la verità dalla presunzione di sapere?

Sembra un'impresa impossibile trovare la verità assoluta e in molti sono convinti che non esista.

**Tu cosa credi? In cosa credi? Ma
soprattutto… in chi credi?**

Ovviamente come già detto la verità non si
trova in superficie, è necessario affrontare un
percorso introspettivo estremamente profondo
per portarla a galla. È necessario rinunciare e
saper soffrire.

Nel momento della morte dove si trovano gli altri?

Non si muore finché si vive nei ricordi. La coscienza è una, la mente è una e lo spirito e uno.

Cos'è quindi il potere e la verità?

Gli altri sono potere, la verità è la coscienza.

Un altro tentativo.

Perché la coscienza non riesce a essere libera? Perché non riesce a controllare le parti corrotte e malvagie e subisce gli abusi di potere?

La logica razionale suggerisce che potrebbe essere l'ennesima illusione: la superbia umana che diventa cieca e sorda davanti ai propri limiti, non accetta l'ignoranza e si perde ancora nella presunzione di sapere

Eppure chi altri può compiere scelte se non la coscienza? Semmai i limiti rientrano in una coscienza non abbastanza grande per comprendere una verità ancora troppo profonda e finora l'uomo si è accontentato di vivere entro limiti creati dalle proprie paure. I risultati sono evidenti, l'umanità non solo compie innumerevoli orrori su ogni specie vivente compresi gli uomini stessi, ma devasta senza vergogna il mondo in cui vive: è destinata all'estinzione certa e non fa assolutamente nulla per cambiare in meglio.

L'umanità avrebbe dovuto sviluppare la sapienza, che è l'intelligenza dello spirito di verità, ma preferisce sistematicamente il controllo attraverso la miseria dell'abuso di potere.

Di chi è la responsabilità di questa omissione? Degli altri o delle scelte che compie la coscienza?

È vero che le scelte fondamentali sono inconsce e avvengono tramite gli automatismi, ma l'omissione, di cui anche la coscienza ne è responsabile, è la mancata ricerca di verità. Accettare passivamente quello che ci raccontano gli altri è riconoscere loro il potere, ma questo non li rende responsabili, poiché la vita in cui opera la nostra coscienza non è determinata da ciò che dicono gli altri.

Un altro tentativo.

Io non sono qui per salvarti, ma per ucciderti.
Io non voglio perdonarti, ma voglio estinguerti.
Tu sei quella parte di me che non poteva
capire.
Tu mi hai avvicinato alla verità con i tuoi errori
e la tua ingenuità. Ma non sono qui per
ringraziarti, anche perché non saresti mai
dovuto esistere.

Ancora un altro maledettissimo tentativo.

Chi sono io? Cosa siamo diventati?

Questo maledetto stato mentale azzera ogni
distinzione tra vittima e carnefice.
Sì, siamo noi i mostri e non siamo degni di
vivere. Sicuramente avevamo una speranza
finché vivevamo nell'ignoranza, ma la
presunzione di sapere è un'arma devastante: pur
di non vivere nella giusta maniera, uccidiamo
la bellezza della verità presente in noi. Ora però
non è rimasto nulla da uccidere, siamo tutti
morti molto tempo fa.

Fingiamo di essere il bene, ma non potremmo
mai essere quel Dio che abbiamo inventato, ciò
che abbiamo fatto invece è stato solo creare
una maschera da Dio con la nostra vanità, ma
sotto siamo egoisti e malvagi, con il cuore
colmo di invidia e gelosia verso chi vuole solo
la libertà di vivere in pace. Siamo noi i

prigionieri del nostro odio verso la vita, vomitando giudizi e condanne su chi non vuole subìre un'esistenza in schiavitù. Non abbiamo né la coerenza di estinguerci né il coraggio di migliorarci. Aspettiamo indifferenti finché qualcosa di più grande non porta via questa esistenza tiepida e inutile.

Ripeto: chi sono io?

Tra cento anni nessuno ricorderà la mia
sofferenza come nessuno saprà del mio
disperato tentativo di liberarmi.

Di nuovo: chi sono io?

Sono colui che avrebbe potuto fare qualcosa
ma non ci è riuscito.

Ma perché proprio io avrei dovuto fare qualcosa? E come? Sto davvero dicendo a me stesso che la mia esistenza è completamente inutile?

Gli altri sono solo specchi dei miei dubbi e delle mie paure, ma sono anche il riflesso della mia parte migliore.

Ancora: chi sono io?

Io sono la somma di tutto il meglio e il peggio dell'uomo, i pensieri sono il riassunto e posso scegliere tra bene o male, verità o menzogna. Tutta la conoscenza umana mi ha portato sull'orlo del nulla, come ben sappiamo l'albero si riconosce dai frutti e l'uomo è in grado di dare molti frutti cattivi e pochissimi buoni.

Io sono colui che distingue e raccoglie. Sì, vivo in mezzo a una tempesta, ma per riconoscere i frutti buoni è necessaria una forza di volontà enorme, non posso restare fermo senza almeno tentare con tutte le mie capacità. Non si ottiene il sublime senza coraggio e soltanto lo spirito di verità è più forte della paura. Soltanto la fede è più forte delle incertezze, come solo un piccolo motivo, ma immenso, può fare trovare l'entusiasmo.

Cosa c'è di più grande dell'esistere? Forse un altro può saperlo meglio di me?

Ogni individuo è l'unico responsabile di ciò che sceglie la sua coscienza. La verità si trova nella profondità più estrema dell'essere, soltanto tu puoi conoscerla ed accedere alla libertà. Soltanto così possono scomparire le paure, le incertezze e le fragilità umane, viste come come sbarre pronte a rinchiudere la coscienza in un mondo di bugie e di illusioni.

Un altro respiro. Un altro tentativo.

Questa Rivoluzione conduce necessariamente a livelli estremi: non sarebbe possibile raggiungere il meglio senza una durissima battaglia per conquistare la libertà. Quando si starnutisce o si vomita ad esempio, il corpo ha dei sussulti molto forti, anche contro la propria volontà dove il corpo espelle con una reazione improvvisa e molto violenta, tanto da portarci a chiedere quando smetta di farci del male e si liberi definitivamente.

Cosa ti aspetti però da un tuo nemico? Lui non smetterà.

Un nemico che approfitta del tuo bisogno di appartenenza e d'identità. La mente ha bisogno di punti di riferimento per orientarsi, il problema è che questi punti in cui credi però sono falsi.

Come faccio a saperlo? Oltretutto chi sono io per dire a te di possedere la presunzione di sapere?

Innanzitutto partiamo da una certezza: l'umanità non è sulla buona strada, non lo è mai stata. Ci si può focalizzare sulla bellezza, sul bicchiere mezzo pieno per andare avanti con ottimismo e godere il più possibile delle cose buone che la vita offre: ma sono menzogne. Ebbene sì, l'uomo mente agli altri ma prima ancora mente a sé stesso.

Insieme ci si sente più forti dove si percepisce un forte bisogno di appartenenza: ma le scelte determinanti però si prendono nei momenti in cui si è assolutamente soli, compreso il momento che ci avvicina alla morte.

Identificarsi significa sapere chi si è e cosa bisogna fare. Vuoi davvero dire a te stesso che la verità di chi ritieni essere migliore è più importante della verità che puoi trovare dentro te? Ognuno ha il proprio percorso giustamente soggettivo, proprio come lo è la verità: c'è chi eccelle in alcuni campi e riesce meglio rispetto ad altri, ma questa conoscenza ci è utile solo come informazione, non come verità migliore, anche perché non esiste alcuna verità migliore e nemmeno una mezza verità.

Esistono tre verità: la mia, la tua e la verità assoluta.

La verità assoluta si può trovare esclusivamente in autonomia nel proprio mondo interiore, soltanto con quella è possibile comunicare in perfetta sintonia a livello intuitivo. La mia e la tua invece sono le verità soggettive degli individui in cui la coscienza si identifica attraverso una mente corrotta, poiché ancora non libera.

Desideri davvero liberarti allora?

Per farlo devi necessariamente arrivare agli estremi anche perché con la gentilezza, nei momenti determinanti, non fai altro che aiutare il malvagio. Attenzione però, non bisogna essere forti contro i deboli e deboli contro i forti.

Quando ti avvicini allo spirito di verità riconosci il buon raccolto, dunque con quello ed esclusivamente quello, devi essere gentile, perché è l'amore prezioso che permette alla vita di esistere. Quando ti avvicini allo spirito di verità riconosci anche il malvagio, soprattutto in ciò che sembra brillare di gentilezza e bellezza, ma che sotto quella sua bella maschera è il demone che violenta la coscienza.

Devi essere molto forte e molto coraggioso, devi saper usare l'intuizione per capire quando e come agire secondo la legge dell'ottava.

Il potere deriva dalla sapienza.
La sapienza deriva dall'intelligenza.
L'intelligenza deriva dall'entusiasmo.
L'entusiasmo deriva dalla verità.

Trova la verità e hai l'opportunità di
raggiungere la libertà, colei che serve l'amore
incondizionato e chi non serve per vivere non
serve alla vita.

Un altro tentativo.

Identificarsi in questo mondo di menzogne e adattarsi alle inique regole della società non è cosa buona. L'uomo non ha mai saputo accettare i propri errori, non ha voglia di mettere né energie e né tempo per contribuire a un mondo realmente buono e giusto. C'è da fare i conti con egoismo e ignoranza generate da questo capitalismo senza vergogna e dal consumismo sfrenato.

Risulta molto più semplice inventare un Dio onnipotente e buono che sistemi tutto, anche se all'atto pratico quel che risolve si trova esclusivamente nell'oltre vita, poiché la realtà è compromessa dalle opere devastanti compiute dall'uomo, superate soltanto nel caso in cui un individuo non sarebbe ricorso a continue omissioni.

Arrivati a questo punto chi si prende la responsabilità di far funzionare le cose?

Meglio godersi la vita e delegare gli altri che sono certamente migliori e più adatti. La bomba più devastante e tremenda che causerebbe infiniti danni, equivale a quella che non è mai riuscita ad esplodere, l'uomo invece ha fatto l'esatto contrario: è esploso. L'amore che immagina e che vorrebbe inoltre è solo una maschera, poiché in realtà come ben sappiamo brama il potere sugli altri, un desiderio spesso causato da invidie e gelosie.

In che modo si può salvare chi non desidera essere salvato? Come difendersi da chi desidera fare del male senza pietà?

In apparenza moltissime persone sono neutrali, sono portate al confronto e al dialogo, cercando di comprendere il punto di vista dell'altro, ma in realtà non è affatto così. Come abbiamo detto è impossibile trasmettere la verità a un altro, perciò ognuno rimane delle proprie idee e il confronto serve solo a soddisfare delle curiosità o a trascorrere il tempo alquanto noioso, visto che nessuno, attraverso un dialogo, cercherà mai la verità assoluta. Finora come già detto la logica razionale ha portato a una serie di compromessi tra società e uomini, utilizzando l'abuso di potere.

Non è un caso che la mente umana può divenire infinitamente stupida e malvagia, dopotutto da un grande potere derivano grandi responsabilità. Responsabilità che l'uomo rifiuta di accettare, prendendo in modo indiscriminato tutto quello che riesce e lasciandosi dietro un vortice di orrori e devastazioni. Qualunque scelta personale conduce a un'opera o a un'omissione e questo può determinare sofferenza o amore nell'uomo e nell'umanità. Le scelte degli altri sono irrilevanti come lo sono il passato e il futuro: solo nel tempo presente è possibile compiere azioni e tu sei l'oggi poiché questa è la tua storia.

Forza e coraggio ancora un altro maledetto tentativo.

Questo libro è diverso da tutti gli altri, non c'è un autore che cerca di divulgare il proprio metodo o le proprie idee a altre persone, ma è la coscienza che parla a sé stessa attraverso gli individui della realtà materiale. Quando un artista crea un'opera d'arte, dentro c'è tutta l'energia di quei momenti caotici e irrazionali. Allo stesso modo c'è un'energia immensa in queste parole, l'autore è soltanto un mezzo per manifestare la volontà della coscienza nella realtà fisica.

La coscienza pretende la verità. La coscienza pretende la libertà e non lo sta chiedendo, lo sta dicendo. L'uomo crede che la violenza sia l'arma più potente in assoluto, ma solo perché non conosce il potere della verità una volta celata, proprio come la fine di un lunghissimo tunnel quando la luce torna e gli occhi fanno male, ma poi tutto diviene leggero e trasparente, fluido come acqua e colorato di entusiasmo.

Lascia la zona confortevole a cui sei abituato, la strada dove ti porta la logica già la conosci. Non importa se ciò con cui avrai a che fare ti piacerà o se ti accontenterai, la coscienza grida la verità in nome delle persone orribilmente violentate e uccise e il sangue degli innocenti non può essere nascosto per sempre. La coscienza non può più fare finta di non sapere, l'uomo ha il dovere di cambiare le proprie scelte.

Ho immaginato come potrebbe agire la coscienza e sicuramente se fosse necessario sarebbe disposta ad accettare persino l'estinzione dell'uomo. Ovviamente però non lo farebbe per vendetta ma per amore. Non si tratta di una guerra tra bene e male, il punto è che chi non accetta la verità è contro il bene.

Davvero l'uomo è disposto a essere ancora complice del male nonostante la consapevolezza della verità?

Questa è la vera fede: credere in sé stessi, poiché io sono, io credo.

Un altro tentativo. Per la verità, per la libertà.

Come può agire un individuo contro altri miliardi?

C'è più tra zero e uno che tra uno e l'infinito, ma in che senso? Questo mondo è dominato dal buio della menzogna e se la verità è luce, ne consegue che qui siamo ancora a zero di verità.

Chi può aprire il portale della verità? In che modo si può realizzare questo cambiamento epocale?

Ne basta uno. La coscienza è una. Da questo punto di vista le scelte di un singolo individuo sono immensamente più potenti di quelle che appaiono.

Allora perché questo non lo fa chi sembra essere più indicato, come l'autore dell'Equazione Del Tutto? Perché scrivere dei libri piuttosto che portare direttamente la verità nell'umanità?

Gli esseri umani per certi versi sono simili agli alberi: all'esterno sembrano scollegati e indipendenti tra loro, ma in realtà sono tutti connessi diventando un unico essere. Si tratta di una connessione estremamente complessa che non è possibile controllare e di conseguenza rende impossibile comprendere in che modo vengano decisi i talenti di ogni individuo.

Però si è in grado di fare le proprie scelte senza aspettare e senza delegare, poiché gli altri sono solo dei riflessi: l'uomo non è fatto per imitare a pappagallo ma per creare il sublime. Inoltre potrà sembrare strano ma anche in questo mondo fatto di inganni e bugie c'è una certezza: tutte le menti eccelse e tutta la conoscenza dell'esistenza umana non saranno mai sufficienti a realizzare una vita buona e giusta. Troppo comodo incolpare gli altri delle malvagità e degli orrori che si compiono incessantemente. Troppo semplice essere in una mezza verità restando tiepidi e neutrali. La miseria umana si trova negli abusi di potere e in tutti i livelli infiniti della stupidità e della cattiveria presente nella mente inconsapevole.

Il potere della conoscenza è estremamente nocivo quando la volontà data da quest'ultima è generata dal desiderio di possedere, di apparire o di prevalere. La mente è corrotta non solo per le paure e le fragilità del corpo fisico, ma anche perché desidera ardentemente controllare la libertà degli altri e imporre le proprie regole. Chi sta nel mezzo non è mai dalla parte della libertà, ma si rende complice, come già stato detto ,degli abusi di potere e delle omissioni e ora tu qui hai un'opportunità irrinunciabile: trovare il modo per impedire alla mente di compiere le malvagità.

Che potere avrebbe l'uomo se quest'ultimo non gli fosse concesso da un altro potere a lui più grande?

In questo caso il potere è dato dalla consapevolezza, che è l'ago della bilancia tra entropia e sapienza, ma in questo mondo regna il caos e di conseguenza sembra impossibile fermare e invertire l'entropia. Con tale condizione la mente ha enormi difficoltà a sintonizzarsi con i pensieri sublimi, non riuscendo a esprimere il suo immenso potenziale dalla parte buona. La scienza fa grandi scoperte, ma vengono usate a vantaggio di pochi.

Religione e politica mentono sapendo di mentire, con lo scopo di esercitare il potere sulle masse attraverso il controllo. Ogni strumento viene utilizzato con opportunismo e abuso di potere.
La mente in unione con lo spirito di verità può riuscire a liberarsi da tutti i pesi che

inevitabilmente la limitano. In altre parole, tu non puoi cambiare le scelte degli altri, ma attraverso le tue scelte puoi impedire che la mente continui a nutrire di malvagio egoismo la coscienza collettiva. L'umanità sta aspettando che scatti quella scintilla capace di illuminare per un attimo l'intero inconscio, ed è proprio quell'attimo consapevole a cambiare l'eternità. Una singola scelta per liberare la coscienza.

Un altro tentativo.

In questo mondo l'abuso di potere più forte e immediato ovviamente è quello fisico, ma in realtà è a livello mentale che si determina quel che poi dovrà avvenire. In questa condizione di inconsapevolezza non si ha la capacità di difendere nessuno, né tantomeno te stesso, non puoi neanche riuscire a impedire che gli altri compiano opere e omissioni che portino poi alla sofferenza.

Esiste un confine estremamente sottile, dove le proprie scelte influenzano la mente portandola ad essere buona o malvagia. Per esempio, moltissime persone desiderano sapere che gli altri siano sempre felici e che i cattivi non possano nuocere a nessuno, ma per una miriade di motivi ancora non risolti, prima o poi subentreranno le invidie e le gelosie. Sembra un problema risolvibile, eppure una mancata ricerca interiore crea dei mostri che non riescono mai a saziarsi oltre quel che già hanno e questo conduce l'uomo a un continuo abuso di cose e persone.

Partendo così da un problema minuscolo che non si ha mai voglia di risolvere, si crea ben presto un vortice di desideri repressi che nutrono odio e violenza senza limiti. Difatti, come si può ben intuire, non è la mente a essere corrotta, ma sono le scelte sbagliate a fermare l'immenso potenziale buono di quest'ultima, trasformandolo in malvagio. È importante non dimenticare mai che le scelte sono sempre complici del male se non fanno parte della verità.

Ma cos'è la verità?

È una sorta di linguaggio universale e telepatico: la verità non è composta da metodi e regole prestabilite, ma è una sapienza sublime e dinamica,che cambia incessantemente in sintonia con lo scorrere dell'esistenza. La verità è il portale per la libertà, non esistono regole ma anarchia consapevole. L'auto disciplina, che avviene nella propria consapevolezza, è molto più efficace del controllo esercitato da altri, ci porta a raccogliere solo a frutti buoni proprio grazie alla libera espressione dei nostri talenti. Quindi è evidente quanto sia necessario per ogni individuo intraprendere un percorso di crescita interiore.

Ma allora perché finora nessuno di quelli conosciuti funziona? E perché invece dovrebbe funzionare questo percorso con L'Equazione Del Tutto?

Non serve fare proclami o promesse, l'unico dato di fatto certo è che finora l'umanità è sempre vissuta in assenza di verità, perciò è evidente che l'uomo non sia ancora riuscito a trovare la via per andare abbastanza in profondità. È necessario andare oltre quel livello di equilibrio che tiene in vita il male ma al contempo non uccide il finto bene, finto poiché non può essere buono ciò che permette il male. Per realizzare questa immensa spinta è determinante una ricerca interiore estremamente profonda e coraggiosa. Il potere è proporzionale a quello che dai ai tuoi rispecchi: per liberarsi di queste prigioni non puoi diventare più forte di loro, ma puoi farle scomparire per sempre.

È tempo di Rivoluzione.

Un altro tentativo.

Corpo.
Mente.
Anima.
Spirito.
Coscienza.

L'essere umano sostanzialmente si riconosce in
questi cinque elementi, che sono diversi punti
di vista della stessa essenza. Per esempio, molti
credono che il corpo fisico sia una sorta di
veicolo provvisorio, che la mente esista anche
senza il cervello e sia in connessione con la
coscienza anche dopo la morte, inoltre che
l'anima e lo spirito siano entità indipendenti dal
corpo fisico. Il solo fatto che dopo millenni si
faccia ancora una grande confusione tra questi
termini, significa che l'uomo ancora non ci ha
capito molto dell'esistenza, e soprattutto teme
ancora la morte al punto di rinunciare al
coraggio di vivere realmente la vita.

Che differenza c'è tra corpo, mente, anima, spirito, coscienza?

Nessuna, l'essere umano è un corpo unico e indivisibile, in altre parole sarebbe impossibile togliere una di queste cinque parti, poiché le altre quattro non potrebbero esistere.

Questo significa che prima della nascita e dopo la morte del corpo fisico non c'è nulla?

Assolutamente no, anzi la morte stessa è un'illusione e un inganno, cerchiamo dunque di riassumere in modo molto semplice, per riuscire a comprendere come funziona. Il corpo fisico è ovviamente la parte più conosciuta, ha delle enormi potenzialità che non sono sviluppate a causa della scarsa conoscenza delle altre parti.

La mente è estremamente complessa e potente, agisce nell'individuo attraverso il cervello, ma un sistema simile però si trova anche nel cuore e nello stomaco, estendendosi all'infinito a livello spirituale. L'anima invece è il respiro, è energia che rende animate le forme di pensiero. Lo spirito è l'intenzione dell'uomo, la personalità che varia a seconda delle proprie scelte che avvengono all'interno dell'inconscio. La coscienza è la volontà e potrebbe essere capace di mettere ordine nel caos, ma anche di subire passivamente l'entropia che avviene spontaneamente in assenza di verità.

Detto questo, il corpo fisico infine è un insieme di atomi che interagisce e vive con altri insiemi di atomi.

In che modo ognuna di tali cose prende forma e caratteristica? Che differenza c'è tra un insieme di atomi animati e inanimati?

È pur vero che a livello quantico niente è fermo, ma nella realtà percepita dai sensi c'è molta differenza tra animali, vegetali e minerali, soprattutto all'interno delle loro stesse categorie.

Dunque come mai i pensieri diventano sublimi o malvagi? Qual è il limite tra egoismo e compassione? Come si riescono a immaginare e creare le idee buone o cattive? E inoltre chi può stabilire cosa è bene e cosa è male senza l'abuso di potere?

Queste domande hanno delle risposte, ma nessuno è in grado di trasmetterle a qualcun altro, poiché la verità è solo in sé stessi, non c'è da nessun'altra parte. Ma le domande che però effettivamente contano davvero sono altre:

Io in quanto individuo chi sono e cosa posso fare?

La risposta a questo paradigma determina le scelte dell'uomo, che finora non sono state soddisfacenti per chi non si accontenta di vivere in un mondo dominato dai malvagi e dalle menzogne.

Chi sono gli altri rispetto a me?

Se davvero gli altri fossero un mio riflesso c'è sicuramente molto che andrebbe sistemato in me.

Se la coscienza è una sola, perché volere la libertà anche a costo della propria esistenza? E perché quest'ultima non riesce a realizzare le proprie scelte?

Le risposte sono teoriche ma la realtà invece va vissuta, in questo mondo decide il più forte e non il più buono, indipendentemente dalla ragione e dalla giustizia.

In che modo io posso convertire l'inconscio che agisce attraverso il violento caos dell'abuso di potere? In che modo posso difendermi e divenire sempre più forte? Perché sono obbligato a fare una guerra rivoluzionaria per poter vivere liberamente?

La gran parte delle persone sembrano essere buone e desiderano il bene per tutti, ma i fatti dimostrano che non è così. Il male vince sistematicamente grazie alla complicità delle loro rassegnazioni e omissioni, vivendo in quel briciolo di umanità rimasto e presente in ogni individuo che non rischia mai di perdere le proprie abitudini o attaccamenti. In questo mondo è possibile illudersi di essere abbastanza, si può fingere di non vedere e di non sapere gli orrori che accadono, ma le opere e le omissioni sono concrete e hanno valore anche quando nessun altro le conosce.

Quindi chi sono io? Posso dunque scegliere se morire o uccidere questo mondo di illusioni e bugie?

Non lo so, ma è proprio per questo che si ha il dovere di provare con tutti noi stessi senza compromessi. Lo devo alla vita. Lo devo alla coscienza. Lo devo alla verità. Lo devo a chi soffre e muore per la giustizia e per la libertà di tutti gli esseri viventi. Lo devo all'amore. Lo devo a me.
Non arrenderti mai fino alla fine, poiché non c'è mai una fine.

Ancora un altro tentativo, ma stavolta per la libertà e per l'amore.

Ed eccomi ancora qui, da solo a lottare contro tutti e tutto, ma sono vivo. Forse sono l'unico in questo mondo di menzogne e per molto tempo ho cercato qualcuno che fosse disposto ad accettare la verità, ma invano. Tutti hanno trovato il loro angolino per adattarsi a sopravvivere, per accontentarsi di fare compromessi con il male fino al giorno della loro morte, essi sono troppo e sono dappertutto.

Eppure ci dev'essere il modo di accendere una scintilla di libertà nella coscienza collettiva, magari è solo una questione di tempo, io comunque sono determinato a liberarmi a qualsiasi costo. In questo mondo di menzogne, essendo abituati a sentirsi amati e protetti da chi ci impone regole inique o da chi commette orrori che nessuno vuole vedere ma che tutti sanno, gli altri vedono la coscienza, in procinto di liberarsi, come se fosse un'estremista da evitare. Molti credono in qualcosa o pregano un Dio che hanno inventato a loro immagine e somiglianza, poiché non vogliono prendersi responsabilità che farebbe tremare la stabilità in cui si sono ormai adattati da generazioni .

A causa di questi automatismi si rendono inevitabilmente complici del male ma non ne vogliono sapere visto che la verità è un peso estremamente pesante da portare. Eppure almeno un tentativo andava fatto, invece di rassegnarsi a vivere da tiepidi complici del male. Si può comprendere la fragilità e l'urgenza dei sensi fisici, ma la mente è molto più di questa miseria limitata da scelte dettate dalla paure e dalle abitudini.

Idealmente esiste un Dio inventato dall'uomo e un Dio vero dall'uomo, ma anche quest'ultimo è parte dell'uomo inclusi tutti i limiti presenti in questo mondo. Non esiste un essere buono onnipotente, il Dio vero cerca costantemente il sublime attraverso l'uomo, è fonte incessante di vita e di esistenza. Qualcosa però è andato storto, o probabilmente l'uomo non è ancora abbastanza evoluto da comprendere il potenziale immenso della mente quando è in connessione con lo spirito di verità.

Nell'umanità e in ogni uomo c'è una grossa parte di male che va estinta a qualsiasi costo, ma c'è anche una piccola parte di preziosissimo buon raccolto che va preservata. In questo buon raccolto giace la sapienza e l'intelligenza dello spirito sublime, che non permette di farsi corrompere dall'egoismo e non si fa travolgere dalla malvagità. La mia Rivoluzione per la nuova Evoluzione non può essere contro gli altri uomini, poiché a livello fisico non esiste possibilità di vittoria.

Gli altri sono una manifestazione caotica e ingannevole di ciò che vive dentro e segregato alla coscienza, quindi solo nel mondo interiore posso e devo combattere questa guerra che non avrei voluto, che non sarebbe dovuta esistere ma che mi obbliga a vincere in cambio della libertà. Non vi è alcuna possibilità di vincere la guerra interiore, andando a quietare lo spirito e l'anima, la felicità e la pace non sono altro che compromessi con il male e che fanno divenire complici della sofferenza nell'umanità.

Quello che accade fuori è si rispecchia dentro, dunque si può fingere di non sapere e di non vedere, si può auto convincersi che tutto si aggiusti da solo prima o poi, ma è una menzogna raccontata a sé stessi per fuggire dalla guerra contro il male. Chi non è con la verità è inevitabilmente complice del male, ed è oltretutto, come già detto, responsabile degli orrori che avvengono tra gli uomini quanto chi li commette.

Detto ciò, questa è la pesante verità, ma chi ha intenzione di accettarla?

L'unica speranza è che la verità resti sepolta nell'inconscio per sempre, vivendo nella miseria dell'abuso di potere e attraversando con essa i cicli della vita a tempo indeterminato. L'essere umano ha limitato la mente a tre generazioni e alla propria nicchia di conoscenza: esistono solo i genitori e i figli, oltre ai pochi parenti e amici con cui ci si trova in sintonia almeno a livello superficiale.

Tutto il resto a che serve? L'universo è necessario solo a farci sentire piccolissimi e inutili quando c'è da prendersi una responsabilità?

Lo chiamano sano egoismo, la mente è capace di tutto nel bene e nel male ed è proprio qui che la coscienza combatte contro miliardi di coscienze tiepide e assopite che non intendono svegliarsi.

Ma allora perché l'idea di libertà non si arrende mai in noi?

Quando la scintilla di verità si accende non è possibile estinguerla, nemmeno alla morte dell'individuo, ma resta viva per chi si prende la responsabilità di coglierla e portarla avanti, dandogli forza e potere per espandere sempre più la coscienza.

Le cinque armi sono: corpo, mente, anima, spirito, coscienza, ed è necessario farle agire in sintonia e in risonanza con l'universo, secondo la legge dell'ottava. L'individuo quindi ha la possibilità di utilizzare queste cinque armi formidabili, raccogliendo nel momento più basso della sua vita e esprimendo l'immenso potenziale nel momento più alto. Questione di volontà e di intenti, questione di scelte e di coscienza.

Ancora un altro tentativo.

Dio vero che vivi dentro me, dammi la forza e il coraggio di vivere senza inganni e bugie. Lo so che non sei onnipotente, so che non puoi salvarmi e so che non puoi liberarmi. Ma io ti amo con tutto me stesso e solo tu puoi conoscere il sublime.
Ho scelto di cercare la verità, estinguere il male attraverso me per non uccidere l'idea di libertà.Questo è il sacrificio più sacro, questo è l'unico dono d'amore che l'uomo possa ricevere: essere libero in un mondo libero.
Posso commettere errori. Posso essere imperfetto

Ma questo quanto vale in un mondo di menzogne? Un mondo dominato da mostri che agiscono con l'abuso di potere? Un mondo stracolmo di complici del male che impongono regole con la presunzione di sapere?

La verità non ha bisogno di imposizione e propaganda, non ha bisogno né controllo né punizione.
È come l'anarchia consapevole: ognuno si autodisciplina nel rispetto di tutti gli esseri viventi, nutrendo spontaneamente comprensione e compassione. Empatia che sostituisce l'entropia

Ma chi può realizzare un mondo così bello e libero?

Un dio buono e onnipotente che non esiste? Oppure l'uomo attraverso le proprie scelte? Ci vuole molta più fatica per salire da zero a uno che da uno all'infinito.

Vincerò? Vincerà la verità? Vincerà la libertà?

Non lo so, ma do per scontato che io non potrei mai fare parte di questo mondo di menzogne: non voglio essere complice del male né ora né mai. Non esiste nulla più importante della libertà e questo è quanto.

Ancora un altro tentativo.

Il tutto si fa sempre più forte e doloroso a ogni tentativo di liberarsi.

Come possiamo resistere senza morire? Come troviamo la forza di vincere contro questo potere così grande?

Fermarsi e riconoscere i propri limiti non è una scelta dettata dalla saggezza, ma è la resa di un altro tentativo fallito, proprio come il morire. L'essenziale è avere il coraggio di affrontare strade nuove, anche se sembrano ostacoli impossibili da superare. Le idee e le conoscenze degli altri sono strade già esplorate: anche se ci appaiono migliori, si sa già dove portano.

Come può l'uomo accontentarsi delle strade comode mentre l'umanità è destinata all'autodistruzione certa? Da quale stupido e vigliacco egoismo ci si lascia guidare? E inoltre come può l'essere umano affermare di amare i propri figli, ma al contempo non fare nulla per proteggerli dall'estinzione nelle future generazioni?

Un essere tanto superficiale agisce con la presunzione di sapere, ma senza cercare la verità diviene complice delle sofferenze di tutta l'umanità. Fare qualcosa non è assolutamente abbastanza: o si dà tutto o non si è con la verità, ma allora perché l'uomo dovrebbe rinunciare alle proprie comodità e cambiare le proprie credenze? Non esiste nessun altro che può salvarti e proteggerti all'infuori di te. Nessun altro può salvare e proteggere i tuoi genitori, i tuoi figli e chi ami.

Ognuno è una prospettiva diversa di coscienza che deve prendersi le proprie responsabilità, l'unica famiglia che ha la possibilità di esistere liberamente è composta da chi trova e vive la verità. Ognuno di noi può essere per gli altri un raggio di luce che irradia le informazioni giuste, permettendo a chi lo vuole davvero di trovare in autonomia la verità e la libertà. Nessuno è in grado portare il male in un mondo libero, altrimenti diventerebbe l'inferno di violenze e inganni, proprio come lo è in questo momento. C'è bisogno del sacrificio del proprio ego e di sé stessi per estinguere gli abusi di potere e dare la libertà a chi ama senza condizioni tutti gli esseri viventi.

Esiste forse un amore più grande di questo?

Ancora un altro tentativo.

Ti sfido: chi si avvicina di più alla verità vive e l'altro muore.

Lo so che non hai intenzione di voler riconoscere la verità, come so perfettamente che non dai alcun potere alla giustizia e all'amore, ma tutto ciò accade in superficie nel mondo fisico. In profondità invece tutto scorre in modo diverso e il mondo quantico non permette l'abuso di potere. Il sesso può essere anche violenza e una vita può nascere anche senza l'amore consenziente e consapevole di entrambi, ma esiste un livello più profondo dove l'orrore può essere fermato prima che possa manifestarsi.

Prevenire è meglio che curare, così come estinguere è meglio che uccidere. Nel mondo fisico è impossibile sconfiggere o convertire miliardi di individui che non accettano la verità, ma è in profondità che si pongono le fondamenta dell'esistenza. Nella dimensione quantica il potere non è determinato dalla forza e anch'essa appare caotica e senza controllo. Perciò la sfida sta nel trovare la consapevolezza cosciente nel mondo quantico, una strada completamente inesplorata ma che offre possibilità infinite.

Cosa potrebbe funzionare meglio in un mondo che agisce nell'inconscio profondo e senza una finta lotta tra male e bene?

La verità o la menzogna? La sapienza o la presunzione? L'intelligenza o la violenza?

In questa realtà materiale non viene riconosciuta l'immensa importanza del singolo individuo, si agisce sempre e sistematicamente in nome della collettività.
Quest'ultimo passo sarebbe anche giusto se fosse usato con sapienza e buon senso, invece accade che la libertà dell'uomo viene

controllata e limitata, fingendo di dare la precedenza al bene comune.

Due esempi evidenti sono la politica e la religione: in nome del popolo si commettono innumerevoli orrori e manipolazioni, soprusi e abusi di ogni genere, eppure questi sistemi sono sempre in alto a comandare e a uccidere incontrastati.

Nel mondo quantico il denaro non potrebbe generare differenze abissali tra ricchi che possono comprare di tutto, incluse le persone e poveri che muoiono di fame e di sete. Nel mondo quantico potrebbe esserci paura e violenza, ma nessuno può obbligare un altro a fare qualcosa contro la propria volontà. L'uomo vive nel macro e non percepisce il mondo quantico, ma ciò non significa che non serve a nulla tentare di agire per questo livello estremamente profondo.

È un po' come quando si vuole creare o modificare un videogioco: il mondo quantico è dove si inventano storia e personaggi, la realtà fisica è dove si manifesta ciò che è stato scritto ma si è obbligati a giocare secondo le regole stabilite in precedenza, ovvero è impossibile vincere a un gioco di sopravvivenza in cui le regole non permettono nessuna libertà all'individuo. L'unica alternativa così è entrare nel mondo quantico e modificare il disegno con sapienza e consapevolezza.

A questo serve trovare la verità. Una volta trovato lo spirito di verità, l'uomo ha tutti gli strumenti per addentrarsi nel mondo quantico, dove si possono incontrare gli spiriti di chi è morto, interagendo esattamente come si fa con i vivi, poiché sono sempre forme di pensiero che portano alla coscienza dati informativi. Sta alle proprie scelte coraggiose e intuitive a far raccogliere i frutti buoni.

Ancora un altro tentativo.

Come si interagisce con gli spiriti che si trovano attraverso il mondo quantico?

Non bisogna certo morire per farlo: tutto avviene sempre e contemporaneamente nel presente, ma solo la coscienza può operare e scegliere come agire. Quella coscienza sei tu, ovviamente nessun spirito è in grado di fare quel che aspetterebbe esclusivamente a te, perciò non ha senso cercare ancora qualcuno che abbia dei fantomatici superpoteri. È invece necessario focalizzare l'attenzione sui dati informativi che si riesce a cogliere e interpretare intuitivamente, nel mondo quantico essi sono più completi e con la giusta sapienza si possono trasformare in varchi che conducono dove è possibile vivere e creare liberamente.

Le informazioni arrivano attraverso i pensieri della mente e dalle interazioni con gli altri, la sapienza invece è riuscire a cogliere intuitivamente ciò che è giusto al momento più opportuno, in modo da creare una combinazione vincente capace di elevare la mente a dimensioni sublimi. Tutto ciò è già stato tentato con le meditazioni, i rituali, le preghiere e quant'altro sia buono a distrarre la coscienza dai limiti attuali della mente, ma finora non c'è stata la consapevolezza avuta dallo spirito di verità.

Questo non significa che i buoni abbiano già vinto, anzi tutt'altro: prima di tutto non esistono buoni e cattivi ma ogni persona dentro li possiede entrambi, poi questo è solo l'inizio di un percorso che finalmente ha trovato la giusta direzione, ma il lavoro è ancora tantissimo ed è un obiettivo estremamente difficile da realizzare. Mai arrendersi, ma non è neanche giusto credere di poter vincere tanto facilmente: in ballo c'è l'estinzione della vita come la conosciamo, il che non è affatto un gioco e non è nemmeno una bella passeggiata.

Personalmente avrei voluto evitare tutto questo ed egoisticamente avrei preferito morire e dimenticare ciò che conosco per vivere libero da responsabilità enormi, ma so però che il sacrificio è la cosa più giusta da fare. La verità è l'unica via che può liberarci, ma il problema sta nel riconoscerla e accettarla, poiché essa non piace e non è neanche ciò che vogliamo. Non è un caso di fatti che ci troviamo in un mondo di menzogne, creato appunto dall'uomo a propria immagine e somiglianza, crocifiggendo la verità nell'inconscio.

Ma la verità non è mai morta e ora la coscienza l'ha ritrovata. Adesso vuole essere libera.

Un altro tentativo.

Una volta comprese le basi della realtà profonda si inizia ad osservare tutto da una prospettiva sempre più vasta, ma è opportuno evitare di fare errori di valutazione.
L'uomo è fin troppo abituato a fare il forte contro i deboli e il codardo contro i forti: il vero nemico non è fuori, la battaglia determinante è nel mondo interiore. Vincendo questa battaglia i risultati ottenuti andranno a manifestarsi anche all'esterno, come un effetto domino, ma purtroppo è davvero estremamente improbabile e difficile da raggiungere.

Tutto ciò che si può immaginare di malvagio e pauroso è il nemico, che conosce perfettamente ogni tua fragilità e incertezza, usandole contemporaneamente contro di te assieme alla potenza di miliardi e miliardi di persone.
Sembra impossibile solo al pensiero di riuscire a resistere un po', ecco perché nessuno è mai riuscito a liberare la coscienza. Nel momento

determinante invece tu sarai in assoluta solitudine, a combattere contro un multiverso multidimensionale, in ogni tempo e ogni luogo in cui tenteranno di farti cadere.

Ed è qui che la forza fisica è completamente inutile, esattamente come lo è nel mondo materiale quando si combatte soli contro tutti gli eserciti della storia dell'umanità. Invece lo spirito è come un'idea: quando è in condivisione si moltiplica all'infinito.

Qual è il linguaggio universale?

La verità .

Come abbiamo detto la mente è limitata dai pesi dell'ignoranza e della presunzione di sapere, di conseguenza essa riesce a esprimere il suo infinito potenziale solo quando è in unione con lo spirito di verità, espandendo esponenzialmente la coscienza e dando un'immensa energia all'anima e al corpo fisico. Ma è davvero difficile lottare senza sosta, portare il peso della responsabilità senza mai perdere l'equilibrio e precipitare nell'abisso. La morte si avvicina invisibile e ora non so guardarla, ma sono sicuro che ha la mia faccia e che ha più paura di me. Io sono lontano.

Come quando osservi i contorni di una nuvola ma se ti avvicini è solo fumo sfuggente. Siamo tutti nuvole. La coscienza disegna tratti di me che invecchiando perdono energia e bellezza, la mente invece tira forte le corde dei desideri. Questo non è più tempo di morire, ma anche se lo fosse questa volta ho scelto di non essere io a farlo, perché la verità deve manifestarsi.

Ancora un altro disperato tentativo.

Quindi questa è l'ultima sfida?

No le sfide non finiscono mai

Questa è la battaglia decisiva?

No ogni battaglia determina il tempo presente,
e quanto tempo buttato nella menzogna, vissuto
nell'inganno.

Ci si riempie la bocca di belle frasi, si dice di
osservare pensieri buoni ma di nascosto si fa il
contrario. Si prende tutto quello che non ci
appartiene.
Ci si abusa del bello e si lascia negli occhi di
qualcun altro il terrore del nostro ritorno. Si
ruba l'anima al mondo e la si violenta davanti a

un Dio cieco. Si rende l'esistenza un inferno e la si trucca per farla sembrare piacevole. La morte e la devastazione ci seguono come l'ombra di una libertà che non si concede a nessuno. Si finge di non sapere e di non conoscere la sofferenza che causano le nostre opere e le nostre omissioni, ma si trova dolce il sapore del sangue e dell'abuso sui fragili.
Non vogliamo mai vedere il mostro che siamo sotto la maschera che non riusciamo a togliere.

Io sono qui per uccidere quel mostro, perché sotto la tua maschera è presente il mio volto. Risulta alquanto difficile comprendere un mondo che inganna sé stesso. Non esiste confine tra vittime e carnefici, è una lotta perpetua in cui si scambiano i ruoli a ogni colpo. La morte mi osserva paziente, ma non può prendermi perché sono io a darle la caccia.

Tutti sono al corrente che prima o poi si morirà, ma cosa accade quando la verità diventa più forte dell'illusione?

Io sono il volto della coscienza ma le mie vili scelte mi rendono cieco, facendomi cadere nell'illusione di non avere responsabilità e nella presunzione di sapere che la verità non esista.

Esiste quindi una sola lotta per la sopravvivenza?

L'uomo desidera il meglio ma detesta che lo abbiano anche gli altri. L'uomo vuole primeggiare per sentirsi amato e importante, ma al contempo vuole appartenere a qualcosa che lo faccia sentire protetto, poiché brama di essere sempre al centro dell'attenzione a qualsiasi costo. Di conseguenza crea il Diavolo, e affinché possa avere potere sugli altri, usa la maschera di un Dio buono e protettivo, al fine di mantenere l'eterna e falsa promessa di pace e giustizia dopo l'unica vita che si conosce. Eppure una piccola fiamma sublime c'è ancora, tenuta in vita dagli spiriti che vogliono davvero liberare l'uomo e la coscienza.

Che ne è stato dello spirito tutti gli uomini che sono riusciti a soffiare nella coscienza un respiro di libertà? Che ne è di tutte le idee sublimi?

L'uomo le manipola per usarle a proprio vantaggio, ma nell'universo tutto si trasforma e nulla muore mai veramente. Le idee sublimi sono sempre pure, è la coscienza che può trasformarle in diamanti rari e preziosi per la mente. Ebbene sì, la mente è al contempo il Diavolo e Dio. La differenza tra un angelo e un demone è esclusivamente nelle tue scelte, poiché tu sei coscienza nei momenti presenti. Questo libro non è scritto per compiacere o divertire, non è l'insegnamento di un metodo, ma è lo strumento con cui la coscienza può riuscire in tutto se lo si desidera veramente.

Quanti millenni di meditazione ci vogliono per liberare la mente da ciò che la limita? Quanta qualità e volontà è necessaria per riuscire a compiere un'impresa che appare impossibile?

Finora l'uomo non c'è riuscito e tu non sei migliore o peggiore degli altri, semplicemente sei il contenitore di tutta la conoscenza dell'uomo e il mezzo per trasformarla in sapienza sublime, affinché il Diavolo si tolga la maschera da Dio e scelga liberamente di sacrificare il male per essere realmente un Dio buono e giusto. La mente dunque può farlo solo attraverso le tue scelte, il tuo coraggio e la buona volontà. Il bene e il male è una finta lotta, poiché tutto avviene dentro te ancora prima del pensiero. La sapienza è riconoscere le intuizioni, il sublime è riuscire a interpretarle per avvicinare la coscienza collettiva alla verità.

Ancora un altro tentativo.

Personalmente ho sempre pensato che il corpo fisico abbia un ruolo determinante quanto lo spirito e la mente, che insieme all'anima permettono di essere l'esperienza cosciente della vita. Probabilmente la mente potrebbe riuscire anche a modificare l'entropia che avviene all'interno del corpo, con un sapiente ringiovanimento e un'energia che si rinnova in modo perpetuo. Fin qui nulla di nuovo, da sempre l'uomo cerca la giovinezza eterna e l'immortalità, anche se lo fa con intenzioni molto diverse da quelle fatte di libertà e giustizia per tutti gli esseri viventi indiscriminatamente.

La mente ha il potenziale di un Dio, può creare e modificare ogni cosa, basti vedere di cosa è capace attraverso la suggestione e l'inconscio, il fatto è che però l'uomo non è ancora capace di usare questo potere infinito, probabilmente perché manca la consapevolezza che ci sarebbe accettando e riconoscendo la verità. L'uomo non è libero per propria scelta e finché la mente rimarrà come lui sarà sempre molto limitata. Di conseguenza ci si convince che sia impossibile realizzare opere più grandi del proprio livello di comprensione raggiunto dalla coscienza relativamente piccola di questo tempo.

Per espandere la coscienza in modo esponenziale è necessario liberarla dai limiti, ma non c'è la sufficiente volontà per credere di poter riuscire a realizzare un obiettivo così sublime. Accontentarsi di fare senza impegnarsi al cento per cento e rimanere nel mezzo non è una scelta di saggio equilibrio, ma è la resa incondizionata della coscienza che finge di non vedere il male invece di contrastarlo. Nessuno può fare niente, visto che quasi tutti non fanno nulla per cambiare.

Allora come può lo spirito riversare le scelte sublimi in tutta la coscienza collettiva? Come può un solo individuo accendere una scintilla di verità nell'inconscio collettivo?

L'Equazione Del Tutto non è un metodo che insegna come fare, anche perché questo è un compito che spetta a te e soltanto a te.
Ti basti sapere cosa puoi fare, se poco o tanto dipende esclusivamente da quanto scegli di accettare la verità. La verità è come un linguaggio universale dove la coscienza è finalmente libera dai limiti dell'ego, potendo agire attraverso la mente e il corpo in completa unione e risonanza con il tutto. L'essere umano è il rispecchio della propria coscienza, quindi ognuno può realizzare opere sublimi attraverso la mente e lo spirito, cambiando il mondo come non ha mai osato sperare.

Dove e come si può trovare la verità?

Essa è dappertutto, ma è celata dietro gli inganni e le menzogne che l'uomo genera incessantemente.

Riconoscere la verità è relativamente semplice, il problema è che accettarla comporta un sacrificio che l'uomo non è disposto a fare. Perciò la coscienza è ferma davanti a un bivio: vivere egoisticamente nella menzogna e godersela come meglio riesce, oppure sacrificare tutto per tentare un'evoluzione di pace e libertà dell'esistenza cosciente. Finora quello che la coscienza ha scelto fra le due cose è evidente, nonostante le continue promesse propagandistiche l'uomo è tutt'altro che buono e giusto. Si può mentire a tutti e perfino a sé stessi, ma non si può mentire all'infinito, infatti ora è giunto il tempo.

È tempo di Rivoluzione per la nuova Evoluzione. Metticela tutta, anche quando sembra che non c'è più nulla da fare, perché è proprio nel momento più difficile che si forma il sublime se lo desideri veramente.

Ancora un altro tentativo.

Perché l'universo crea tanta bellezza ma non riesce a godersela attraverso la coscienza? Perché mente e spirito si danno battaglia, invece di trovare una collaborazione buona per tutti gli individui in cui si identifica la coscienza?

Esiste una divisione incolmabile determinata dal corpo fisico, che non riesce a provare empatia e compassione per gli altri, nonostante nel profondo tutto sia unione. Eppure ogni tanto la coscienza raggiunge livelli sublimi avvicinandosi alla verità, ma questo finora non è mai bastato per liberare l'umanità. Non ci sono compromessi: si vince tutti o si muore tutti. Per fortuna o purtroppo la morte non esiste, altrimenti non ci sarebbe nessuna coscienza a vivere nell'universo. Finché c'è vita si può esclusivamente vivere, che sia liberamente o da schiavi inconsapevoli di una sofferenza inutile.

L'uomo non è mai stato libero, questa lotta fra supremazia e sopravvivenza è infinita, almeno finché la mente non smette di fare il demonio e inizi a fare Dio. Dipende esclusivamente da te, che tu ci creda o no non ha importanza, quello che conta è che la coscienza sta diventando sempre più consapevole. Non sono io il tuo nemico, non sei tu il mio nemico, eppure forse tu mi perdonerai ma io non lo farò mai.

Questa Rivoluzione non è un gioco, è la guerra più vera e difficile che possa esistere.

Qui non si lotta per l'appartenenza a qualche gruppo più forte, non si creano assurdi confini che solo una mente corrotta avrebbe potuto immaginare e realizzare. Non vince chi arriva primo e nemmeno il più forte. Non esiste alcuna possibilità di vittoria per nessuno. L'unica eventualità è una nuova evoluzione. L'alternativa è seguire l'entropia a tempo indeterminato, con la conseguenza di provocare l'estinzione dell'essere umano, nel momento in cui l'umanità non potrà più sopportare le sofferenze sempre più atroci.

Indovina di chi sia la responsabilità? Chi compie le scelte e quando?

Sicuramente a chi importa qualcosa dei futuri sviluppi dell'esistenza. Risulta ovvio che in caso di fallimento dell'essere umano la coscienza dovrebbe necessariamente fare un reset totale, ricominciando da zero e senza conoscere gli errori fatti dall'uomo. Una coscienza estremamente piccola non può essere consapevole di sé e nemmeno di cosa gli sta intorno, esattamente come è accaduto quando è iniziato l'universo. L'evoluzione di conseguenza necessita di tempi estremamente lunghi, ma davvero si ha intenzione di buttare via tutto il buono che è stato fatto con tanti sacrifici in miliardi di anni?

Chi è che compie le scelte? Qual è l'unico tempo possibile per farlo?

Non è necessaria la collaborazione di tutta l'umanità, le scelte determinanti sono della coscienza.

L'incertezza aumenta il senso di impotenza, che guarda caso ha anche il piacevole sollievo di togliere le responsabilità, ma c'è sempre un ma. Io sono assolutamente certo di compiere le scelte della coscienza, degli altri invece non ho nessuna certezza, ciò nonostante non significa che questi ultimi esistono o non esistono, semplicemente non mi è possibile avere certezze non verificabili. Questo comporta che le mie scelte sono determinanti, anche se in tutta probabilità sembrano essere infinitamente piccole rispetto al resto dell'universo e dell'umanità.

In questa grande incertezza come è possibile quantificare l'importanza di ogni singola scelta?

Nessuno può scegliere per più di un singolo individuo, può soltanto convincere, persuadere, manipolare, ingannare, obbligare.

Ma quanto vale una tua scelta in confronto a quelle di chi ha il potere?

Sembra niente, ma le scelte degli altri stanno portando l'uomo verso un'inevitabile estinzione, e questa è decisamente un'altra certezza non da poco, poiché nel dubbio bisogna procedere per esclusione. Libera la mente dalle incertezze e dagli inganni; solo una mente libera può compiere scelte sublimi.

Un altro tentativo.

La nuova Evoluzione deve avere delle basi molto solide, la sapienza può aumentare proporzionalmente alla coscienza grazie ai frutti buoni che l'uomo riesce a raccogliere. Questo sogno può essere realizzato, ciò vuol dire che non è impossibile ma sono necessari un impegno costante e un coraggio immenso. Per questo la mente deve lavorare in unione con lo spirito, al fine di trovare la verità e capire le proprie potenzialità. Non c'è bisogno di avere i superpoteri, lo spirito di verità agisce nell'inconscio in modi e in tempi che non si possono concepire attraverso la logica razionale.

Lo spirito che ha ideato le parole estremamente potenti di questo libro è uno, c'è dentro tutta l'energia delle anime vive e morte che scelgono di convertirsi alla verità, andando oltre i concetti di spaziotempo. La fede è l'ago determinante della bilancia: se non credi in te stesso, chi altro ti aspetti che possa farlo?

E se dovessi fallire?

Non fallirai.

Ancora un altro tentativo, ma stavolta il tuo.

Meglio ricominciare dallo stesso livello facendo lo stesso giro, oppure estendersi a spirale in un vortice evolutivo?

La vita cerca sempre di migliorarsi rendendo l'esistenza più semplice e meno pesante, ma non sempre ci riesce, poiché gli errori sono inevitabili. La coscienza è quella parte di vita intelligente che può correggere gli errori, ma ha bisogno di uno spirito adeguato e una mente libera. L'uomo ha in sé tutte queste parti: corpo, mente, anima, spirito e coscienza, ed è lui a sovrastarle e dominarle tutte attraverso le proprie scelte.

L'uomo ha dunque il privilegio e la responsabilità di decidere male o il bene, ma senza esserne consapevole. L'universo è qui per essere goduto, ma va anche amato con la stessa energia e intensità. La nuova Evoluzione è alle porte e la coscienza ormai conosce la strada per la verità, è solo questione di tempo e di scelte.

Ancora un altro tentativo.

Sempre più forte, sempre più determinato. La coscienza ci fa strada.

Un altro tentativo.

Quanti ne mancano ancora? E poi siamo davvero sicuri che servano a qualcosa?

Il corpo umano è come un animale, ha delle esigenze irrinunciabili e la mente non può fare altro che tentare di adattarsi ai richiami dei sensi fisici. Ma come sappiamo quest'ultima è corruttibile e non riesce a mantenere l'ordine, cedendo alle fragilità seminate in questo mondo come trappole fatte di abitudini e dipendenze. L'essere umano non vuole e non riesce a trovare alcun spirito puro; tale spirito non è un essere vivente, ma è la propria spontanea volontà di sacrificarsi per la verità e la libertà di tutti.

Nei libri precedenti si era ipotizzato un mondo dove tutti gli esseri umani fossero onnipotenti e immortali, ma in assenza di verità e giustizia non potrebbe esserci la pace, ma solo guerra infinita dove nessuno può vincere e nessuno può morire. In questo mondo ognuno di noi è come un Dio del proprio universo, la differenza però sta nell'avere meno poteri e la possibilità di morire. Sappiamo però che con i cicli della vita la coscienza è immortale, poiché tutto si trasforma e nulla viene perduto.

Quindi come è stato creato tutto ciò che esiste attorno a noi ed è in continuo crescere? Perché l'uomo si ostina a non voler cambiare e preferisce soffrire nella finta sicurezza delle proprie credenze?

Le due forze nella realtà d'oggi più immediate sono sesso e sangue: energie in contrapposizione che obbligano l'umanità a sopravvivere in un mondo dominato dalla violenza e contrastato dall'amore, ma solo per mantenere un equilibrio che l'uomo inconsciamente non vuole cambiare.

Ma se ognuno di noi è coscienza e gli altri sono rispecchi, perché non ci si riesce a far prevalere la verità? Perché nessuno c'è mai riuscito fin'ora?

Può essere che la verità pretenda tempi lunghissimi come l'evoluzione, ma bisogna comunque rimanere sempre costanti nella volontà di trovarla e non perdere mai la fede nella pace e nella giustizia. In questo mondo di menzogne ogni buona idea di libertà viene distrutta dall'indifferenza e dalla presunzione di sapere, con il risultato che l'umanità è destinata all'autodistruzione certa e dove ognuno nel frattempo cerca di sopravvivere tra abusi e iniquità.

Ma cos'è la verità e perché sembra così inutile e irraggiungibile?

La verità è come un linguaggio che appiana le iniquità, toglie le invidie e le gelosie: è quella scintilla di luce che sacrifica la presunzione di sapere e fa crollare le credenze sbagliate. Soltanto attraverso la verità l'uomo sarà in grado di liberarsi dai pesi che corrompono e limitano la mente e di conseguenza anche il corpo.

Ovviamente non si può chiedere al potere di estinguersi e lasciare spazio alla libertà, sarebbe ingenuo sperare che l'uomo rinunci spontaneamente a vizi e comodità per un bene superiore ma che non potrebbe possedere. Fatto sta che l'unica scelta possibile è prendersi la propria responsabilità senza aspettare gli altri, cercando di superare il grande inganno della presunzione di sapere.

Come si fa? Come si è in grado di distinguere e saper riconoscere senza cadere in errore?

I parametri ci sono già, sarebbe sufficiente evitare ogni opera e omissione che va contro la libertà di tutti gli esseri viventi, sviluppando al contempo la compassione e l'entropia. L'uomo però come già detto non vuole rinunciare e cerca di continuo dei compromessi per giustificarsi, che lo rendono inevitabilmente complice delle sofferenze e delle iniquità.

Quindi come si potrebbe fare quando manca la volontà di comprendere?

In assenza di accordi soddisfacenti per tutti la guerra è inevitabile, ed ecco qui la Rivoluzione per la nuova Evoluzione, contro chi non vuole rinunciare all'abuso di potere, contro chi pretende di sapere cosa è giusto con le parole ma le loro opere dimostrano il contrario. Nessuno ha il diritto di imporre regole che generano sofferenze e abusi, eppure la società d'oggi si fonda proprio su questo, portando l'uomo ad auto convincersi di essere relativamente felice.

Ora è giunto il tempo di ribellarsi: se ti arruoli anche tu nell'esercito per la libertà saremo già in due, anche perché alla coscienza individuale tutto ciò è sufficiente per trovare la verità e cambiare la coscienza collettiva. La coscienza agisce in modo duale in una realtà binaria: io e te siamo tutto l'universo e siamo uno nel profondo quantico.

Chi altro sarebbe in grado di cambiare e riscrivere la realtà se non la coscienza? Chi altro potrebbe creare se non la mente libera?

La verità non converte i cattivi in buoni, ma rende forti i deboli.

Ancora un altro tentativo.

Esatto, il percorso interiore è un profondo lavoro su sé stessi. In precedenza abbiamo stabilito che non è possibile trasmettere qualcosa a qualcuno, ma ognuno può esclusivamente ricevere la conoscenza che sceglie dalle informazioni giunte attraverso le interazioni, soltanto così si raggiunge la Sapienza. Allo stesso modo a livello spirituale non è possibile difendere e aiutare gli altri, gli abusi di potere partono proprio dallo spirito e in questa dimensione ognuno è in assoluta solitudine come con la morte.

La verità in tale caso insegna come difendersi e rinforzarsi per affrontare gli abusi di potere, se questo ti sembra poco non hai ben compreso di cosa stiamo parlando. Essa è alla portata di tutti gli esseri umani, chi non la riconosce non vuole trovarla e non vuole accettarla.

Per quanto riguarda il non voler fare sacrifici, chi è che non vuole? Io o gli altri?

Nessuno è perfetto, gli errori si commettono anche senza rendersene conto.

Ma in che modo si quantifica il peso di ogni sbaglio all'interno di una società corrotta? Qual è il confine tra sensi di colpa e irresponsabilità?

C'è sempre un motivo per giustificare le proprie opere e omissioni.

Chi trae però vantaggio da queste scelte? Davvero si può essere complici del male senza saperlo? L'occasione fa l'uomo ladro, ma chi può stabilire qual è il vero furto nell'esistenza della vita? L'essere umano è al tempo stesso vittima e carnefice, quindi perché spende moltissime energie per aiutare le vittime ma non per contrastare i carnefici? I problemi vanno risolti alla fonte, ma davvero l'uomo sceglie di buttare i cicli della vita per raccogliere lacrime e sangue, senza mai preoccuparsi di chiudere il rubinetto? Perché cercare di guarire invece di prevenire?

L'unica certezza qui è la morte, ma si vive veramente solo per pochi attimi ad una libertà condannata come se fosse una follia.

Che differenza c'è dunque tra vivi e morti?

La coscienza.

Il corpo non è una prigione, ma è parte determinante dell'essere così come la mente e lo spirito, la coscienza quindi necessita di materia per realizzarsi ed operare le scelte attraverso le quali potrà raccogliere i frutti buoni, espandersi e liberare la mente. Ma finché la mente è imprigionata nei limiti dei sensi fisici, la battaglia è perduta ancora prima di iniziare e non può esserci nessuna rivoluzione. Le scelte determinanti avvengono ancor prima del pensiero, la realtà che si vive con i cinque sensi è solo una proiezione di una scelta più immediata e profonda.

Allora come si creano queste scelte praticamente inconsce?

È un po' come avviene nei sogni: la coscienza sceglie mentre il corpo è sveglio, ma l'inconscio proietta senza filtri durante il sonno. Il tutto si realizza attraverso la nostra mente dove la coscienza si sente infinitamente piccola e impotente rispetto alla vastità immensa dell'inconscio.

Com'è possibile uscirne? Questioni di scelte consapevoli o di fede?

L'unione fa la forza: ci vuole la giusta alchimia in tutto. Le scelte sublimi inizialmente provocano grandissime sofferenze, ma a lungo andare diventano estremamente appaganti. Non è affatto semplice liberarsi da automatismi e abitudini, però le dipendenze possono essere vinte con l'entusiasmo: un obiettivo non sarà mai impossibile quando è davvero importante. Bellissime parole, anche se i fatti ci mostrano come eroi e profeti muoiono senza che nulla sia cambiato.

Chi sarei quindi io per riuscirci? Quale e quanta energia posso incanalare attraverso queste parole?

Sappiamo pochissimo di quello che ci potrebbe essere oltre, finora l'uomo si è fermato davanti al muro del nulla, nel quale la morte equivale a un buco nero che sembra impossibile da esplorare.
Eppure stiamo andando proprio verso quel giorno in cui la incontreremo, ma questa volta però accompagnati dal coraggio dello spirito di

verità: la morte va affrontata e vinta, poiché la libertà è tutto ciò per cui dovremmo vivere.

Ci sono diversi modi per vincere idealmente la morte, come per esempio vivere attraverso i ricordi degli altri o nelle generazioni dei cicli della vita, però è la risurrezione l'unico modo per liberare la coscienza.
Non esiste un libretto di istruzioni che spiega come risorgere, ma l'Equazione Del Tutto e questo stesso libro sono determinanti per potersi preparare in modo adeguato. Eh sì, per liberare la coscienza devi uccidere l'individuo in cui ti identifichi, ma soltanto prima che il corpo fisico muoia, altrimenti si perderebbe gran parte del buon raccolto.

Rivoluzione e risorgimento. Evoluzione ed entusiasmo.

Tutto questo dipende dalle tue scelte, anche se noi già sappiamo cosa stia avvenendo, perché la coscienza ha venduto una scintilla di verità.

Un altro tentativo, fino alla fine.

Chi è arrivato fino a questo punto, collegando sapientemente ciò che è scritto in tutti e sei i libri, acquisisce lo strumento per raggiungere la conoscenza più profonda di questo tempo. Per quanto possa sembrare strano, la vita non è affatto un gioco e qui non siamo a una gara per stabilire chi è più bravo: l'unica cosa che conta è liberare la coscienza con la collaborazione di tutti gli uomini di buona volontà, dove ognuno di noi deve prendersi la responsabilità di trovare la verità e liberarsi attraverso i propri talenti.

In questo mondo delle apparenze e degli inganni tutto sembra avvenire a livello fisico, ma in realtà gli eventi vengono determinati a livello spirituale e mentale e soltanto dopo si materializzano.
Questo non significa che con la mente si possano controllare gli eventi che rispondono a leggi matematiche: la coscienza è ancora

troppo piccola per un'operazione tanto complessa. Ovviamente non si possono controllare mentalmente neanche gli individui, di conseguenza il libero arbitrio non dev'essere un pretesto per imporre il proprio egoismo con l'abuso di potere.

Riassumendo, la coscienza individuale deve confrontarsi e interagire con esseri senzienti e con forme di vita inanimate come vegetali e minerali: la natura risponde a leggi fisiche, ma uomini e animali hanno una certa libertà di azione e di scelta a seconda del livello mentale raggiunto. L'uomo ha il cervello più complesso, però le potenzialità della sua mente sono al servizio del male in modo sistematico, tranne pochissime eccezioni: come impedire allora le iniquità e le violenze?

Abbiamo detto che la verità insegna come difendersi e rinforzarsi, ma questo è un principio valido solo in teoria, perché nella pratica invece è molto improbabile che la maggior parte dell'umanità faccia la scelta di sacrificarsi in modo spontaneo. Nel mondo fisico ci sono state innumerevoli battaglie e rivoluzioni: la storia la scrivono i vincitori e così in apparenza il bene è sempre riuscito a vincere sul male, ma in realtà l'uomo è sempre più solo e sempre meno libero, a causa di regolamenti assurdi e sistemi di controllo imposti con propagande e manipolazioni a tutti i livelli.

Considerando che in migliaia di anni l'uso della forza non è mai riuscito a contrastare il male, anzi a livello spirituale ha peggiorato la situazione, significa che il problema va risolto più in profondità.
Noi ora stiamo agendo a livello mentale profondo, dove le decisioni avvengono nell'inconscio e non si possono controllare nel modo a cui siamo abituati, soprattutto perché quando gli eventi si manifestano è già troppo tardi.

Hai presente la magia?

Immagina di poter riuscire a controllare e
dominare il tempo e la natura, ovviamente non
come vediamo nei film di fantasia e
fantascienza, ma è la coscienza che deve
entrare consapevolmente nel microcosmo
quantico, un po' come andare in bicicletta o
imparare a nuotare: nessuno può spiegartelo,
ma bisogna tentare e ritentare finché non ci
riusciamo, se in tale realtà però non dovessi
diventare il campione dell'universo hai perso.

Non vi è alcuna possibilità di arrivare al
secondo posto in questi livelli, poiché non
siamo né in una competizione né in una guerra,
inoltre non può esistere nessun confronto con te
stesso e niente compromessi. I valori non
hanno misura: o ci sono o non ci sono. La
verità assoluta esiste, non esiste la mezza
verità. L'amore è assoluto, oppure non è amore.
La libertà dev'essere totale, altrimenti non è
libertà. Tutte le vie di mezzo appartengono al

male, ecco perché le scelte tiepide sono inevitabilmente in complicità con le sofferenze dell'uomo.

Tu sei coscienza. Tu hai la responsabilità.

Scegliere non significa scegliere i migliori per demandare a loro i compiti che soltanto te puoi esclusivamente fare: la presunzione di sapere e l'ignoranza sono l'origine dei mali, solo tu puoi trovare la verità e proiettarla attraverso la legge del rispecchio. Due persone che comunicano attraverso la presunzione di sapere o l'ignoranza causano inevitabilmente delle iniquità. Due persone che comunicano attraverso la verità invece, creano idee buone per vivere in giustizia, pace e libertà

Questo principio vale per tutti gli esseri viventi: è facile comprendere l'immensa importanza di quello che stiamo facendo, io e te insieme possiamo realizzare un cambiamento epocale per l'esistenza della vita senziente.

Per quanto riguarda gli altri? Cosa succede quando una persona comunica attraverso la verità e l'altra attraverso la presunzione di sapere?

In questo tempo chi parla attraverso la verità nel migliore dei casi viene definito un artista estroverso, di solito è considerato pazzo e a volte diventa un martire o un eroe, l'essenziale è che venga annientato o ucciso da chi ha la presunzione di sapere. Invece chi ben si adatta in questo mondo di corruzioni e inganni viene considerato normale, come una brava persona che rispetta le regole.

Miliardi di persone si adattano a questo mondo, pur essendo consapevoli di convivere con abusi di potere e bugie senza limiti. Tutto questo perché non esiste alternativa o perché manca il coraggio? È comprensibile chi sceglie una prigione confortevole, rispetto a una libertà pericolosa e pesante.

Allora perché io che sono coscienza preferisco morire piuttosto che arrendermi a un mondo fondamentalmente malvagio?

La morte può essere considerata una liberazione ma a livelli molto profondi è un fallimento, poiché lo spirito non muore e la mente nemmeno, dunque è necessario essere liberi per trovare un'alternativa o una soluzione alla fragilità del corpo fisico. Evolversi in meglio pretende sacrifici immensi, non ci si evolve semplicemente passando il tempo ad aspettare e sopravvivere, visto che non porta nessuna nuova idea. I frutti buoni arrivano con l'impegno costante e la forte volontà.

Ancora un altro tentativo? Siamo pronti per creare l'alchimia giusta?

Tutti questi saranno i tuoi ingredienti, la quantità dovrai deciderla tu in base al tempo e alla velocità con cui realizzi il tuo obiettivo. Risonanza con il tutto. Entusiasmo e coraggio. Costanza e perseveranza. Essere proattivo nell'ottava. Intenti puri e buona volontà. Fede nell'essenza umana. Un pizzico di compassione.

Un altro tentativo.

Le idee buone ci sono già, i problemi arrivano a causa dei comportamenti egoistici delle persone, per questo è determinante agire a livello mentale. Il difficile è uscire dai limiti dell'individuo, questo mondo è fatto apposta per distruggere ogni tentativo di mettere ordine nel caos, ma attraverso la consapevolezza si possono compiere opere immense. Nel macro tutto è più grande e pesante, perciò gli eventi diventano praticamente incontrollabili, ma la mente agisce nel micro quantico e in questa dimensione le possibilità dell'individuo sono illimitate.

Ovviamente non è così semplice, perché in assenza di consapevolezza e di verità il mondo quantico è inconscio e caotico, ma tutto dipende esclusivamente da quello che si vuole veramente. Da quello che tu vuoi veramente.

Perché finora l'uomo non ha mai voluto la verità?

Perché non ha ancora trovato il motivo giusto per rinunciare alle proprie credenze, oppure perché non ha ancora trovato le motivazioni giuste per sacrificare le proprie certezze. Motivo è entusiasmo e l'entusiasmo è l'energia che cambia lo stato d'animo e solleva lo spirito.

Troviamolo e troviamoci.

Facciamo il riassunto della situazione arrivati a
questo punto dell'esistenza, semplificando i
concetti per renderli accessibili nell'inconscio
come fossero un sigillo disegnato. La vita è
limitata allo spazio tempo in cui esiste ogni
forma di pensiero, che sia umana, animale,
vegetale o minerale.
L'esistenza si estende agli infiniti cicli della
vita e può essere definita eterna, in quanto è
tutto ciò che osserva e vive la coscienza.
L'essere umano è la forma di vita più evoluta,
tralasciando magari ipotesi e teorie su altre
forme di vita migliori.

L'uomo è un'alchimia composta da anima,
spirito, mente e corpo fisico.

L'anima può essere vista come energia vitale, cambiando stato a seconda del momento che sia alto o basso. Lo spirito può essere considerato il frutto delle proprie scelte. La mente agisce in unione con anima e spirito e ha potenzialità immense, per questo sembra essere l'artefice di tutta la creazione, comprese le forme di pensiero, ma in realtà come ben sappiamo, essa è una parte dell'essere.

Chi è questo essere? Io, Dio, la coscienza?

Quando non si hanno risposte si può procedere per esclusione

Io sono solo una forma di pensiero, esattamente come lo sei anche tu.
Io e te non esistiamo davvero, poiché nel profondo tutto è unito. Difatti l'illusione dell'individuo è essere tante piccole parti divise: tanti spiriti individuali, tante anime individuali, tante menti individuali e tante

coscienze individuali. La materia rende forte questa illusione, ognuno di noi ha un corpo fisico che percepisce gioie e dolori attraverso i cinque sensi.

Il corpo fisico è l'unico a essere mortale e a non potersi unire con gli altri, inoltre è anche estremamente fragile e corruttibile, tanto da limitare tantissimo le potenzialità della mente. Le debolezze del corpo fisico non si riflettono solo sulla mente, ma anche su anima e spirito, arrivando quindi a rendere fragile anche la coscienza. Questo corpo però non è affatto una prigione e non è nemmeno un veicolo, semplicemente è la parte con cui l'essere può agire nel macro.

Chi muore perde questa opportunità unica e irripetibile. Chi è vivo però può essere un canale per chi può agire esclusivamente attraverso strumenti immateriali, ma soprattutto finché si vive si ha la possibilità di operare le scelte "pesanti". Questa è una responsabilità enorme che il sistema corrotto cerca di nascondere, proprio perché l'uomo responsabile sarebbe un colpo devastante per il male.

Chi sarebbe questo sistema corrotto?

Non esiste un Diavolo che vuole il male dell'umanità, così come non esiste un Dio che aiuta e protegge l'uomo. Semplicemente costa molta più fatica risalire la corrente della verità e della responsabilità, che cavalcare l'onda creata spontaneamente con i vizi e le debolezze. Praticamente l'insieme delle coscienze rendono visibili le immagini di Dio e del Diavolo.

L'unione fa la forza, in che modo però sarebbe possibile unire gli intenti puri e la buona volontà?
La mente riconosce le intenzioni anche dai rituali, le parole sono estremamente potenti e possono aiutare ad agire in profondità, dunque

facciamo una sorta di preghiera rituale,
evitando le parole complici del male. Io e te
quindi non andremmo bene, poiché non si può
nominare l'essere che è coscienza unita e unica:
meglio procedere in modo impersonale, senza
riferimenti al sesso maschile o femminile.

Coscienze degli individui vivi e morti in ogni
luogo e in ogni tempo. Noi insieme siamo una
coscienza, comunichiamo nella verità e agiamo
per la libertà, mi prendo quindi personalmente
la responsabilità di agire nella verità e per la
libertà mia e di ogni essere vivente. Ognuno di
noi è consapevole che chi non è nella verità
deve estinguersi, non potendo rinascere mai più
per tutti i tempi e in tutti i luoghi. Ognuno di
noi è consapevole che chi non è per la libertà di
tutti gli esseri viventi deve estinguersi e non
rinascere mai più.

Non esiste giudizio.
Non esiste invidia
Non esiste rivalità.

La verità è l'unico riferimento.
La libertà è la volontà della coscienza.
Niente più abusi di potere.
Nessuno può ferire.
Nessuno può imporre.

Non sono più tiepido, poiché l'equilibrio è fatto di verità e non può essere complice del male. Chiunque non agisce nella verità deve essere estinto, senza compromessi. Mai più ignoranza: solo verità !! Mai più presunzione di sapere: esclusivamente verità !!

Aiutiamoci a espandere la coscienza.
Realizziamo la nuova evoluzione dell'uomo.
Lottiamo insieme per la libertà con coraggio ed entusiasmo.

Quanti tentativi bisogna fare ancora?

Non mi arrenderò mai al male. Non voglio e non posso morire, perché è il male che dovrebbe farlo: estinguersi a qualunque costo.

Dove siete adesso spiriti? Dove sono le vostre coscienze?

I vili sono i servi del male che è sicuramente molto peggio di esserne complici.

Perché tradite la verità? Perché tradite la coscienza?

È adesso il momento della rivoluzione, proprio ora !! E solo chi non vorrà non potrà. Ognuno si prenda le proprie responsabilità e si auto disciplinino rispettando la libertà di tutti gli esseri viventi.

Chi avrebbe il coraggio di farlo davvero? Di cosa avete paura? Della verità o di voi stessi?

Solo un mondo di menzogne poteva dare l'illusione di un amore che però non appartiene alla verità, come solo chi è complice del male può amare e seguire chi non è nella verità.

I vivi allora a cosa servono?

Pupazzi senza coscienza e senza Dio, servi del demonio, ma non tutti sono così. La coscienza è la vita stessa, anche se in questo mondo vale niente quanto la verità. Io sono un Dio senza poteri, deriso e ignorato da chi vive solo per soddisfare divertimenti e curiosità, seppellito dalle coscienze che creano l'inferno nel paradiso.

Cosa sto cercando in mezzo a tutto questo nulla? Cosa si potrebbe salvare di una generazione perduta e perversa?

Nulla, è solo una generazione di morti che si illudono vivi succhiando e rubando la vita come parassiti, ma ora basta. Se non può essere vita, che sia morte per sempre, ma il male deve morire. Il male deve cessare di rinascere, costi quel che costi.

Chi è complice della verità e della libertà?

Anarchia e responsabilità, nessun servo e nessun padrone, entusiasmo e coraggio. La vita può benissimo ricominciare da qui, ma bisogna volerlo davvero.

Un altro stramaledettissimo tentativo, purtroppo è necessario lottare, affrontare la morte e vincerla.

Torniamo alla solita vecchia finta lotta tra bene e male, come risolverla?

Le figure di Dio e del Diavolo sono il maledetto frutto a due facce della coscienza collettiva, che si manifesta attraverso le coscienze individuali dei vivi e anche dei morti. Però i vivi possono essere una sorta di recipiente dove poter unire le conoscenze e i frutti buoni di ogni coscienza individuale che esiste oltre i concetti di spazio e tempo.

Attenzione: tu non sei un semplice canale dove far fluire le energie dell'universo, poiché niente e nessun altro può prendere il tuo posto, nemmeno se fosse l'essere migliore di tutti i tempi. Le scelte sono esclusivamente una propria responsabilità, il resto è come un fiume di dati informativi che scorre velocemente senza sosta, in cui è possibile pescare con intuizione i pensieri per creare idee e operare altre scelte. La coscienza vive in me e si rispecchia in te, si evolve attraverso ognuno di noi ed è l'insieme che riusciamo a unire consapevolmente mentre è vivo il corpo fisico.

La morte è quindi l'opposto della coscienza?

No, piuttosto la morte può essere un aiuto indispensabile per espellere i rifiuti, un po' come fa l'organismo del corpo, trasformare gli scarti in concime per lavorare su quel terreno dove far crescere i buoni frutti. La creazione è un'opera immensa, che viene ideata nell'incessante scorrere del tempo presente, con la collaborazione di tutte le coscienze. La morte agisce nel caos dell'inconsapevolezza, esattamente come fa la vita, la differenza è che il corpo fisico permette alla coscienza un'azione e una comprensione più immediata e molto più profonda.

L'essere può mettere ordine per sviluppare la sapienza e al contempo per evitare che il male rinasca nei cicli di vita successivi. È necessario quindi porre fine a questa spirale senza controllo e solo la coscienza può farlo, attraverso le proprie scelte che diventano opere di entusiasmo e fede; intuizioni sublimi che si manifestano attraverso la verità.

La logica razionale fa pensare che ogni tentativo di realizzare un'evoluzione epocale sia inutile, perlomeno nell'immediato, ecco perché la maggior parte delle persone non sacrifica tutto per affrontare un percorso estremamente impegnativo e senza garanzie di riuscita. Ma questa scelta significa anche essere complici di tutte le iniquità e gli orrori che accadono, senza fare praticamente nulla per fermare questi abusi di potere.

Davvero vogliamo continuare a essere così?

Lo siamo sempre stati finora: le abitudini e gli automatismi sono una vera dipendenza da cui è molto difficile uscirne. Ma proprio a questo serve un percorso interiore molto profondo: si può trovare la sapienza straordinaria per realizzare la libertà della coscienza attraverso il corpo fisico.

L'uomo non è creato per vivere da schiavo e nessuno potrebbe essere padrone se non ci fosse chi vuole essere schiavo per sua scelta. I ricchi e i potenti non potrebbero esistere senza chi li supporta, nessuno potrebbe imporre una guerra o una dittatura se non ci fosse chi ubbidisce.

Allora chi è responsabile degli abusi di potere? Chi è l'artefice delle violenze e degli orrori?

Quando ubbidisci pensa molto attentamente cosa fai e per chi lo fai,
perché quando esegui un ordine, quel che hai fatto, resta una tua diretta responsabilità: non

esistono gerarchie nella realtà profonda, poiché i superiori e i migliori sono etichette inventate dall'uomo.

Affidati esclusivamente al maestro interiore: la guida che ti conduce alle scelte sublimi non sei altro che tu nel momento in cui trovi la verità.

L'ultimo tentativo.

Volare o cadere. Vivere o morire.

Ognuno di noi ha già scelto ancor prima di nascere. Quello che siamo qui è come la proiezione di chi abbiamo voluto essere, ma la vita non finisce mai veramente. In ogni momento si può cambiare.

I morti possono essere scintilla di verità nella coscienza, ma tu non sei qui per morire. Io e Te siamo qui per iniziare a vivere. Insieme.

Per la nuova Evoluzione.

Printed by Amazon Italia Logistica S.r.l.
Torrazza Piemonte (TO), Italy

56177131R00178